序

青少年在成長過程中遇到很多挑戰，偶一不慎，容易因學習、家庭及朋輩等因素，陷入犯罪危機。

宏觀現時的青少年服務，對於因犯事而被捕的青少年，並沒有提供常規及即時的支援服務，不少更須待判刑後，始有機會接觸社工服務。有見及此，本會於2012年跟警方合作推行「守望計劃」，並於2014年獲得「凱瑟克基金」支持，為被捕青少年、案件受害人，以及其家庭提供即時介入輔導及支援服務，為犯罪違規青少年引入創造新服務模式。

「守望計劃」推行至今已五年，處理超過1,300宗個案，當中約五成半的青少年，從未接受過社工跟進服務。「守望計劃」正好填補這服務空隙，為這群隱蔽犯事的青少年提供適切的支援和輔導。曾參與是項計劃的合作伙伴，如香港警務處、香港城市大學、精神科醫生、義務律師、專才義工，以至服務使用者等，均認為計劃對被捕青少年、案件受害人，以及其家人均有莫大幫助。社工於這關鍵時段的介入，不但讓他們了解即將進入的司法程序，並且能引導被捕青少年重新檢視自我和生活方向，遠離重犯危機。

在此，我特別感謝「凱瑟克基金」的慷慨贊助及各合作伙伴的積極參與和支持，讓「守望計劃」得以順利推行。本書特別選取了四個故事，與讀者分享他們的心路歷程，並分析「守望計劃」的服務如何協助他們重新得力。衷心期盼這書能啟發我們每一位，成為青少年成長過程中的守望者。

王葛鳴博士

香港青年協會總幹事

二零一七年五月

PROJECT R 守望計劃

被捕青少年支援服務

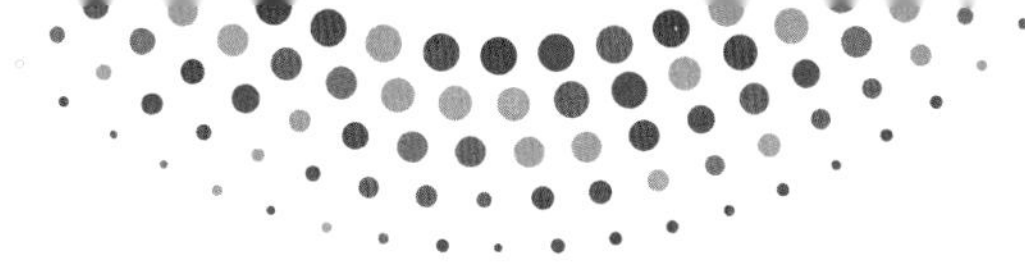

目錄

序		2
引言	香港警務處新界南總區指揮官呂漢國助理處長	6
第一章	**「守望計劃」簡介**	10
第二章	**服務模式**	20
第三章	**成效評估**	30
第四章	**終止犯罪——理論發展與概念初探**	46
第五章	**個案分享**	
	個案一 心裡的聲音——暴力罪行	58
	個案二 打開倉庫——性罪行	72
	個案三 醫治的機會——精神健康與犯案	86
	個案四 當石頭在天空飛——科技罪行受害人	100
第六章	**合作伙伴分享**	
	精神健康與犯事行為——張偉謙醫生	112
	法律諮詢——陳志峯律師	117
	守法教育——黃婷婷律師	121
	執法與支援——勞紫燕警員	125
	愛心回饋——嚴倩蘅專才義工	128
第七章	**服務挑戰及建議**	132
香港青年協會簡介		138

引言

新界南總區指揮官————警務處助理處長呂漢國

一個計劃的誕生，往往有著不或缺的因素——源起事件，以及回應者。事件推動人作出回應，但若是沒有那些願意回應的人，不可能有隨後的行動出現。在進入「守望計劃」的故事前，讓我們透過新界南總區指揮官呂漢國助理處長的分享，了解「守望計劃」的源起，也認識這群關鍵的回應者。

2012年，香港發生了一宗震驚全城的案件，一名18歲青少年被黑幫斬死，引起社會極大震動，亦引起輿論關注，當然，警方也十分重視這宗案件。以往黑幫仇殺或械鬥案件的涉案者往往都是二十多歲的青年人，涉及18歲或以下的死傷者實在極為罕見，這次的事件如同敲響警鐘，不過亦給了一個讓警方在青少年防罪計劃向前踏出重要一步的契機。

當時，警方主動聯繫多間青少年服務機構，探索為青少年提供及早介入的服務方案，而最終，青協回應了警方提出的合作計劃。呂漢國助理處長表示：「警方與青協在意念上不謀而合，合作起來可說是一拍即合。」

在呂漢國助理處長眼中，這樣的跨專業合作模式有其必要性。「我們的同事擁有在執法方面的專業知識，但單靠警方是很難完全解決所有的社區問題，因為有些問題並不是警方的專項工作；而且，若警察擔當執法者以外的角色，對受眾來說可能會產生混淆。所以我們十分鼓勵同事與其他機構作跨專業協作，透過聯合社區力量及與社會上其他專才合作，一起針對相關社會問題而努力，成效定會比警方單方面處理更為理想。」

「『守望計劃』是一個有系統的服務，它提倡的3R模式是十分值得在社區推廣。」3R即是Rational Thinking——建立青少年正向思維；Rational Behavior 灌輸以理性行為去解決問題；以及Re-connection——透過重新聯繫青少年的家庭、學業、工作及社交系統，減少重犯。「青協是一個很好的合作伙伴，他們有其渠道、資源、專業及人才去從事青少年的工作，可以對症下藥，帶他們重返正途。『守望計劃』向青少年灌輸正向思維，協助他們培養守法

意識，也讓犯事者了解到自己可以重新投入社會、重新建立家庭關係。在這幾方面上，警方對青協提出要有系統地協助青少年這個方針是十分認同的。」

新界南總區防止罪案辦公室負責「守望計劃」的支援工作。部門聯繫青協與前線警區，跟進個案轉介情況，並安排「守望計劃」的社工到新界南總區的各分區警署為前線警員舉行計劃簡介會，讓他們了解計劃理念及運作，以便向有服務需要的被捕青少年作出轉介。

警方在接觸青少年時的篩選及轉介工作在「守望計劃」中可謂是關鍵的一部分，亦對配合青協在其後的各項服務，帶來很大成效。

「守望計劃」的初始目標群組設定為因干犯罪行被捕而正接受警方調查的10歲至17歲被捕青少年。警方與青協在計劃進行期間不斷進行檢討，包括計劃成效、罪案趨勢及社會大環境的氣氛，計劃作出了多次調整。目前計劃已將受助群組擴展至25歲以下的青少年，並且包括案件的受害人及證人。

「我們希望及早介入！」警方的立場是明確的，呂漢國助理處長解釋：「對犯事的青少年，我們希望帶他們步上正途；而未曾犯事的，我們也希望他們日後不會接觸到罪案。」

比起以往在進行警司警誡後才轉介被捕青少年往社福機構作跟進服務，「守望計劃」擁有其獨特的優勢——在青少年被捕後即時進行轉介。及早介入，正是「守望計劃」的特色與優點。「有些被捕青少年被警方拘捕後等候『上庭』的時間較長，倘若他們未有獲得適切的跟進及輔導服務，他們有機會重覆犯案。若我們在這段時間對症下藥幫助他們，相信可以有助他們遠離罪惡。」

「以新界南總區而言，警方和青協是首次以這模式合作。」新界南總區防止罪案辦公室主任黃孝萱總督察也作出了補充：「新界南總區是首次有如此大型的青少年防罪計劃。『守望計劃』的規模與計劃理念，亦可説是一個創新的服務。」

黃總督察指出，若單憑青協一己之力與各警區去協商合作模式，會比較複雜。「警方與青協合作可以使雙方更有效地分配資源，而總區亦充分利用與各警區之間已有的聯繫以推行計劃。我們先在總區層面進行統籌及與青協聯繫，在談妥所有安排後，我們再協調各警區，使工作流程與資源運用上能收事半功倍之效。」

「如果青協不介意，我們當然希望將計劃延續！」呂漢國助理處長以輕鬆的回應表達了警方對是次合作的肯定與支持。「因為這是一場長期戰爭，即使我們處理了現時這一批青少年，現在的小朋友仍會成長為將來的青少年。他們在生活或學習中會接觸到不同的東西和事情，產生好奇感；又或是認識到不良分子、受朋輩影響。隨着不斷有青少年進入我們關注的年齡組別中，在資源或環境許可，我們希望可以繼續提供相關的青少年服務。」

因應共同的關注對象，以及共同的工作理念，警方與青協在過去數年發展出極佳的伙伴關係並獲得寶貴的合作經驗。帶着同一個目標，向着同一個方向，獻出各方的專長，承擔各自的角色，互相補足，方能成全一個成功的計劃。「守望計劃」，不只守望了一個個迷失的年青人、守望了那些無助的家庭，也守望了我們的社會。

「守望計劃」簡介

香港青年協會青年違法防治中心於2012年6月推行「守望計劃」，英文名為「Project R」。是項計劃是全港第一個由社會服務機構與警方合作，專門協助因干犯罪行被捕而正接受警方調查的（10 - 24歲）青少年及其家人，提供即時介入、個案輔導和家長支援服務。計劃亦為案件中的受害人提供輔導及支援服務。

「守望」的意義及元素

「守望計劃」中的「守望」指「守法」與「希望」，寓意一群違法青少年在危機中明白「守法」的重要，也能透過計劃建立正面價值觀和自我形象，在危機或迷惘的人生路途中尋著「希望」。計劃亦為犯罪青少年重點提升三個元素「3R」：包括（1）理性的思維Rational Thinking；（2）理性和合法的行為Rational Behaviour；以及（3）重新聯繫Re-connection，協助被捕青少年與家庭、社區、正面朋友系统、學業及工作方面重新聯繫，強化守法意識及促進健康成長。計劃最終協助青少年達致全面停止重覆犯罪的危機。

服務對象

- 因干犯罪行被捕，而正接受警方調查的青少年(10 - 24歲)
- 案件的受害人(10 - 24歲)
- 服務對象的家人

計劃目標

- 減低青少年重犯危機
- 提升青少年守法意識、建立正向生活
- 強化家庭支援
- 協助受害人重整生活，減低身心損害

服務範圍

香港警務處新界南總區，包括：

　　荃灣、葵涌、青衣、沙田、田心、馬鞍山、大嶼山南、大嶼山北及機場警署

PROJECT R 守望計劃
被捕青少年支援服務

發展歷程

服務範圍擴展

「守望計劃」於2012年6月，在葵青及荃灣警區正式推行。在試行半年後，計劃擴展至沙田、機場及大嶼山警區，而於2013年3月起，服務範圍更覆蓋整個新界南總區，當中包括荃灣、葵涌、青衣、沙田、田心、馬鞍山、大嶼山南、大嶼山北及機場合共九間警署。在2014年6月，計劃成功獲得「凱瑟克基金」資助，服務得以全面推展。於2016年4月，計劃服務模式更成功擴展至新界北總區，為被捕青少年提供服務。

服務年齡擴展

香港近年總體罪案數字有持續下降之情況，但在前線經驗所見，18至24歲的青少年容易干犯一些較嚴重的罪行，例如販運大份量危險藥物、跨境販毒及參與假結婚犯罪集團活動等罪行。有部分參與上述罪行的青少年未必是積犯，他們有些因為金錢利誘而干犯嚴重罪行。因此，本計劃於2016年7月，把服務對象年齡由10至17歲，擴展至10至24歲，希望為這些有需要的青少年及家人提供危機介入及支援服務。

增加服務接觸點

為讓有需要的青年及其家人可在不同途徑獲得適切服務，本計劃增加了服務的接觸點，除了與警區合作推行轉介機制外，也開展主動求助途徑，讓家長、青少年或社區人士可透過熱線、本機構網站「青法網」或前往本中心等途徑申請服務。

被捕後支援服務的重要性

為「隱蔽犯事青少年」提供即時介入及跟進

目前由政府資助的青少年服務中，並沒有針對「隱蔽犯罪青少年」、被捕及正在接受調查的青少年及其家人提供即時介入及支援服務(圖一)。由2012年6月至2017年3月，「守望計劃」接獲超過1300個個案，當中發現約五成半的青少年從來沒有接受社工的跟進，可見計劃能填補現時青少年服務的空隙。

「隱蔽犯罪青少年」難於被外展服務、學校社工服務及綜合青少年服務辨識出來，並為他們提供跟進及輔導服務。這些犯事的青少年平日不會流連於區內高危地點，亦沒有明顯的偏差行為及其他外顯表徵，他們不會像黑社會組群般，有組織地參與違法行為。他們大多數在學校內，無論學業或行為都比較中規中矩，在家中亦沒有異常表現。基於以上種種原因，他們難於被現有的青少年服務辨識出服務需要，並為他們提供輔導服務。

圖一：即時介入及支援服務

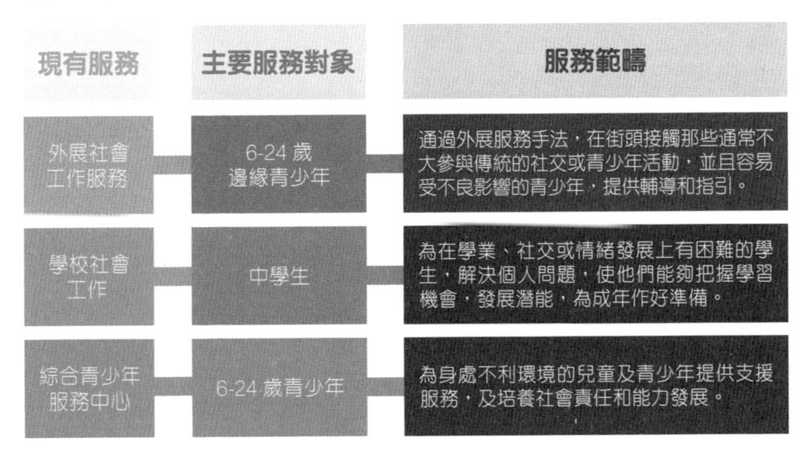

現有服務	主要服務對象	服務範疇
外展社會工作服務	6-24歲邊緣青少年	通過外展服務手法，在街頭接觸那些通常不大參與傳統的社交或青少年活動，並且容易受不良影響的青少年，提供輔導和指引。
學校社會工作	中學生	為在學業、社交或情緒發展上有困難的學生，解決個人問題，使他們能夠把握學習機會，發展潛能，為成年作好準備。
綜合青少年服務中心	6-24歲青少年	為身處不利環境的兒童及青少年提供支援服務，及培養社會責任和能力發展。

填補現時服務空隙

現時大部分協助犯罪青少年的服務，均集中在警司警誡或法庭判刑後，如社區支援服務計劃，以及法庭判刑後所提供的服務，包括感化服務及青少年懲教院所等。在「警方拘捕」、「調查階段」和「審訊完結前階段」，為被捕青少年及其家人提供支援服務，則一直出現服務真空，只有小部分被捕青少年，因犯事前已有社工跟進才有機會獲得協助。

(圖二)：有關現時違法青少年於審訊前後提供的社會服務
註：資料來自社會福利署

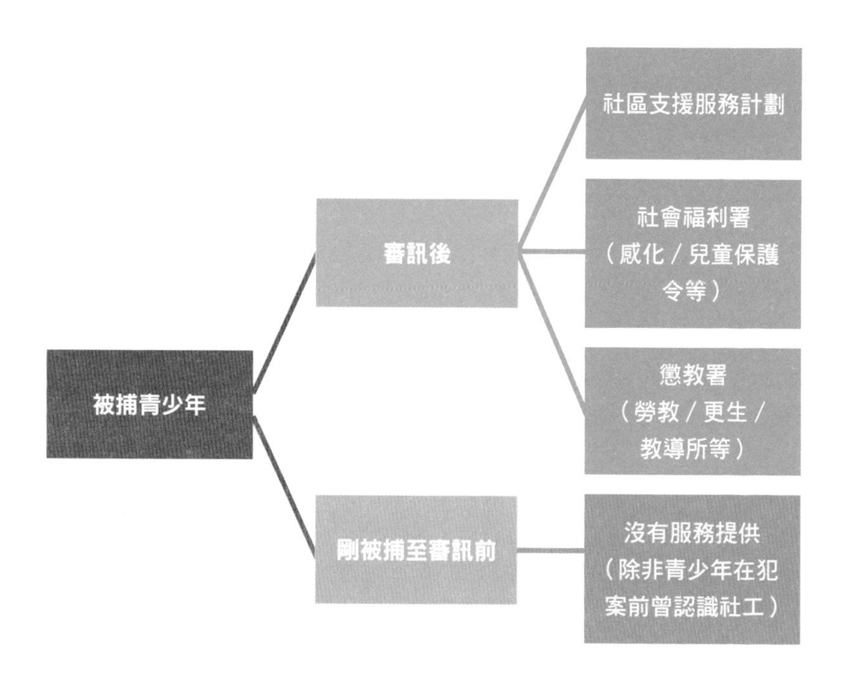

回應服務需要

犯罪青少年在「接受警方調查期間」有以下情況需要處理：

(I) 減低青少年重犯及跌入犯罪循環的危機

犯事青少年往往因受到不良朋輩影響、守法意識薄弱、欠缺衝動管理及解決問題的能力而犯案。部分青少年也會作出妨礙司法公正的行為，滋擾他人。他們對被捕後的法律程序一知半解，部分青少年會低估被捕後果或高估嚴重性，出現認知扭曲而重覆犯案。本計劃回應服務需要，為被捕青少年提供即時介入及輔導服務，預防他們重覆犯案。

(II) 強化家庭支援

於接受警方調查期間，大部分被捕青少年的家長也會產生很多負面情緒。他們對於子女干犯罪案感到十分愕然，不知道如何面對司法程序及事件，家長慣常出現的處理方法包括不停指責或打罵犯事子女，他們也有可能怪責自己的配偶沒有好好管教子女而令他們發生犯罪行為，令家庭關係陷入僵局。另外，父母對法律程序一知半解，過分憂慮或引致他們情緒失控，部分家長更會教唆子女提供虛假證供，以圖協助子女逃避法律責任。因此，於接受警方調查期間是一個重要時機，為犯罪青少年及其家長提供即時介入輔導和支援服務。

(III) 為犯案青少年提供即時介入

青少年在被捕後及在正等候審訊期間，可能因缺乏正確的態度、家庭支持及因情緒問題，容易再次跌入違法陷阱。因此，必需在被捕後及警方調查期間，協助他們建立正確人生觀，並在守法意識及家庭關係上提供即時介入及輔導服務。協助他們處理因被捕而產生種種問題及強化家庭支援，這樣有助減低或停止他們出現重覆犯案的機會。

PROJECT R 守望計劃
被捕青少年支援服務

跨專業協作轉介機制及服務流程

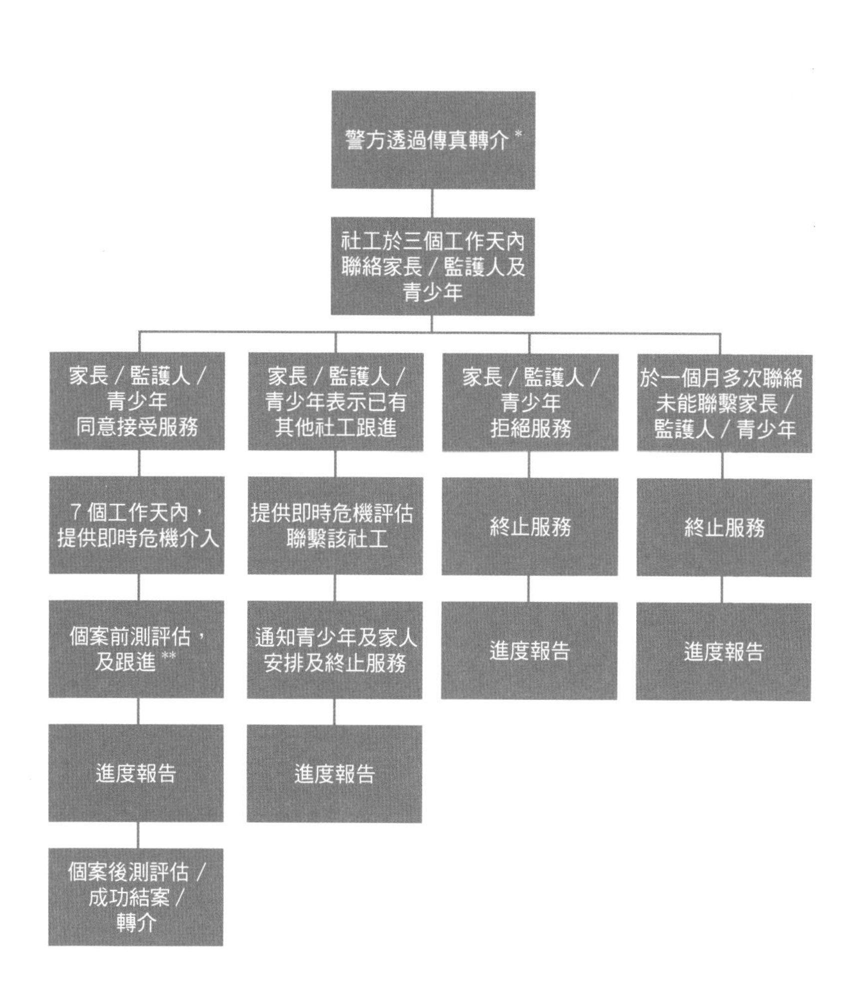

* 取得被轉介青少年及家長或監護人同意，轉介至「守望計劃」

** 跟進時間及個案輔導手法，也會按照個案情況而作出修訂及有所更改

服務內容

被捕青少年即時介入及輔導服務

為被捕青少年提供即時介入及個案輔導服務，透過認知行為治療，提升青少年守法意識，明白犯事的後果及嚴重性。

計劃對象	模式	具體內容
被捕青少年	個案輔導	▶ 透過即時面談，為青少年及其家人提供危機介入及情緒支援 ▶ 認知行為治療 ▶ 法律程序支援 ▶ 生命歷程重塑 ▶ 技能訓練 ▶ 家庭支援服務 ▶ 精神科或心理評估及治療(按需要) ▶ 轉介合適服務(按需要)
	活動	▶ 參觀懲教院所 ▶ 模擬法庭 ▶ 守法工作坊 ▶ 義工活動 ▶ 技能訓練 ▶ 正向生活體驗活動

案件受害人服務

透過即時介入及面談，為案件受害人，提供危機評估及輔導服務，增強案件受害人面對危機的能力，以正面的態度面對生活。

計劃對象	模式	具體內容
案件受害人	個案輔導	▶ 透過即時面談，為青少年及其家人提供危機介入及情緒支援 ▶ 認知行為治療 ▶ 自我保護意識教育 ▶ 社交技巧訓練 ▶ 自我效能感訓練 ▶ 法律程序支援 ▶ 生命歷程重塑 ▶ 技能訓練 ▶ 家庭支援服務 ▶ 精神科或心理評估及治療(按需要) ▶ 轉介合適服務(按需要)
	活動	▶ 模擬法庭 ▶ 守法工作坊 ▶ 義工活動 ▶ 技能訓練 ▶ 正向生活體驗活動

家長 / 監護人服務

透過家長輔導、小組、活動及提供家庭支援服務，改善參加者與家人之溝通關係，加強案主的家庭系統支援。

計劃對象	模式	具體內容
家長 / 監護人	家長支援（青年為主要個案對象）	▶ 家長輔導，協助處理因事件帶來之困擾 ▶ 精神科或心理評估及治療（按需要） ▶ 轉介合適服務（按需要）
	活動	▶ 親子管教小組 ▶ 認知行為治療小組 ▶ 家長工作坊及活動

PROJECT R 守望計劃
被捕青少年支援服務

「守望計劃」服務介入模式

黃成榮[1]及歐陽芷柔[2]

（一）引言

一直以來，犯罪學家對犯罪之成因及重犯的題材非常重視，並在過去十數年間致力找出評估重犯的風險因素，期望發展有效的介入方法避免高危者重蹈覆轍。然而，及早協助高危青少年改善其違法行為及預防再犯，也是很多犯罪學家關心的重點。筆者與香港青年協會青年違法防治中心於2015年開始攜手合作，進行青少年犯罪危機風險評估研究，研發了一套本土化的「青少年犯罪危機風險評估工具」(Risk Assessment Tool for Adolescents)，協助青年工作者更有系統地評估犯罪風險，從而提供適切介入，預防他們重犯。與此同時，筆者亦為守望計劃的服務成效作出評估，經過約兩年時間的觀察及了解，我們為守望計劃的服務理念加以整合，本文將會介紹其介入模式——「守望計劃：青少年生命啟導模式」(Tribasic Model of Delinquency Prevention : Five-Step Recovery through Life Coaching) 及其重要服務元素。

1. 黃成榮 (香港城市大學應用社會科學系教授)，「守望計劃」評估研究團隊首席研究員
2. 歐陽芷柔 (香港城市大學應用社會科學系研究助理)，「守望計劃」評估研究團隊成員

（二）守望計劃：青少年生命啟導模式

從圖一可見，「守望計劃：青少年生命啟導模式」共分為五個階段。第一階段為「漸入歧途：三元互動效應」，簡述導致青少年犯罪的危機因素；第二階段為「觸犯法例：踏入犯罪者之路」，剖析若青少年犯罪的危機因素沒有被妥善處理，將導致青少年進一步作出違規或違法行為，處於再犯的邊緣；第三階段為「危機評估：以科學化問卷鑑定危機程度」，描述計劃社工在接案後，為被捕青少年作即時危機評估；第四階段為「及早介入：跨專業協作」，剖析社工如何為被捕青少年及其家人提供即時的服務，包括個案、家庭輔導、精神健康評估和治療等；第五階段為「化危為機：重建正面行為及聯繫感」，描述計劃社工如何協助青少年重建正面的行為，強化他們與家人及社會之間的聯繫。

本文將詳細討論本計劃如何針對青少年的犯罪危機及保護因素，為他們作出危機評估，並透過跨專業協作，為案主制訂合適的介入服務，協助他們走出歧途。

PROJECT R 守望計劃
被捕青少年支援服務

圖一：「守望計劃：青少年生命啟導模式」
(Tribasic Model of Delinquency Prevention: Five-Step Recovery through Life Coaching)

介入階段　　危機及保護因素

階段一：
漸入歧途：三元互動效應

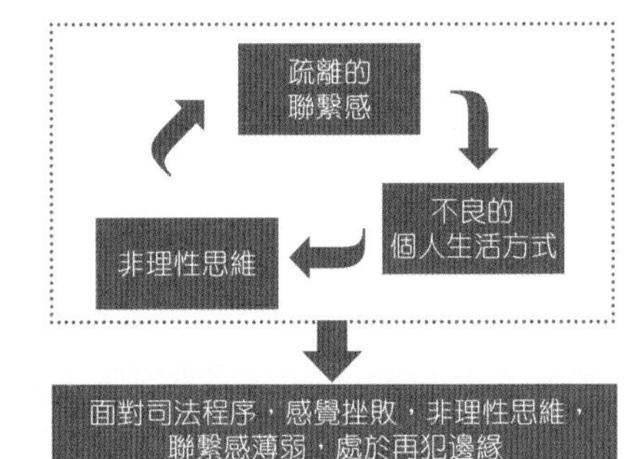

階段二：
觸犯法例：踏入犯罪者之路

面對司法程序，感覺挫敗，非理性思維，
聯繫感薄弱，處於再犯邊緣

階段三：
危機評估：以科學化問卷鑑定危險程度

階段四：
及早介入：跨專業協作

階段五：
化危為機：重建正面行為及聯繫感

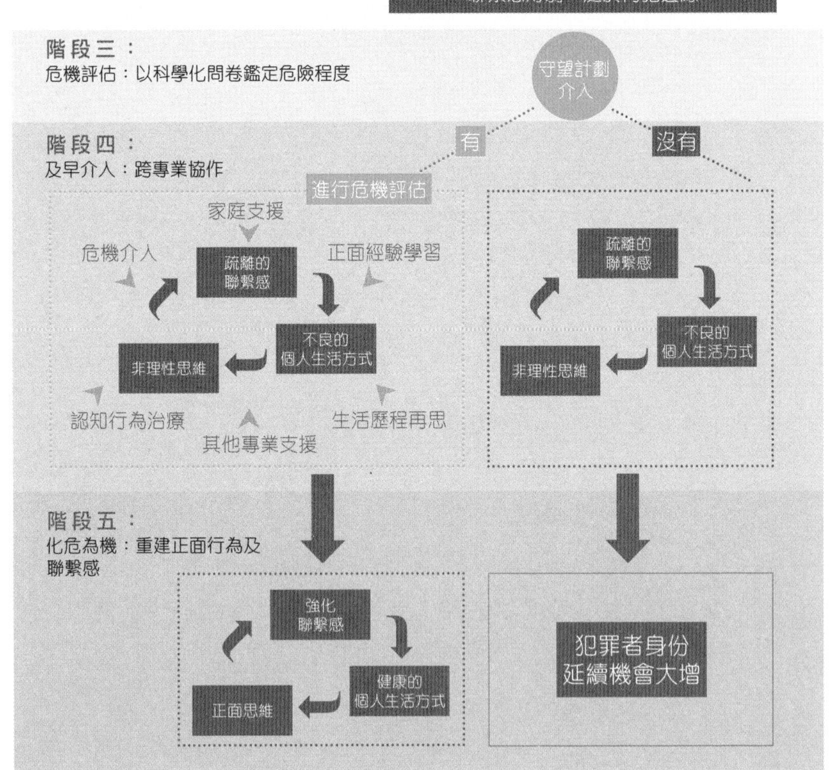

階段一：「漸入歧途：三元互動效應」

青少年漸入歧途的成因可歸納為以下三項元素：第一項元素為「疏離的聯繫感」，例如與家人關係疏離、正面的社會聯繫薄弱、受不良家庭文化影響等；第二項元素是「不良的個人生活方式」，例如學業或工作欠缺成就感或挫敗、受不良朋輩影響、有吸毒或定期飲酒的習慣、欠缺正面的興趣與娛樂消閒等；第三項元素為「非理性思維」，例如案主有非理性的思考模式，包括自我中心、欠缺同理心、守法意識薄弱等，他們也因而較容易出現情緒或心理困擾等。筆者認為，三項元素是互為影響的，若以上的情況未被及時妥善處理，青少年有很大機會作出違規或違法行為，以至觸犯法律。

圖二：三元互動效應

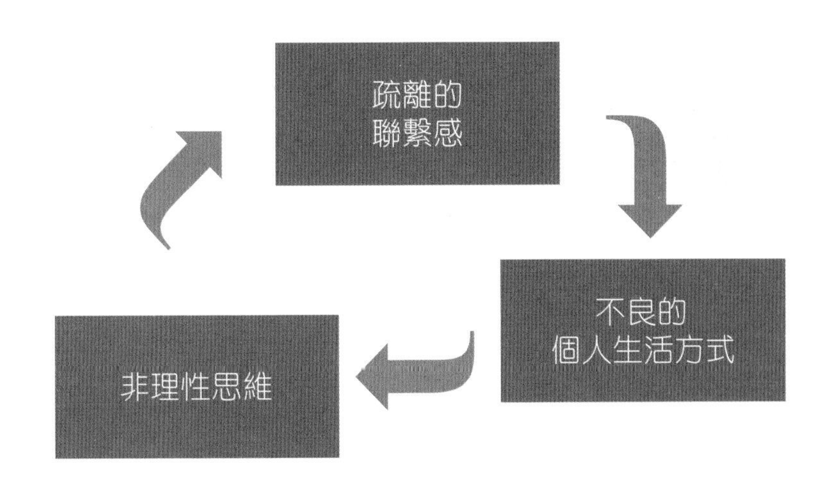

階段二：「觸犯法例：踏入犯罪者之路」

當干犯了罪行的青少年需面對司法程序或被正式檢控時，往往會感到彷徨及不知所措。若青少年在此期間沒有將自己的情況處理好，在面對危機時，他們可能會選擇逃避，不願意與家人溝通，並繼續與不良友伴來往，再犯機會便會大增。有見及此，守望計劃會向犯罪青少年及其家人，提供即時介入、危機評估及輔導服務等。

階段三：「危機評估：以科學化問卷鑑定危機程度」

於提供危機評估的階段，工作員會使用「青少年犯罪危機風險評估工具」為個案進行評估，此工具可協助社工為未來訂立跟進計劃或在有需要的時候作出合適轉介。由於青少年犯罪成因複雜，一套切合本土的評估工具，可以多角度了解高危青少年的違法意向及成因，從而提供適合的輔導服務，預防他們重犯。評估工具是參考自五個國際常用之風險評估工具而製訂，共有70條題目，就十個範疇全面檢視青少年個案的行為、態度及狀況，包括「過往及當前罪行」、「家庭及生活環境」、「學業或就業」、「朋輩關係」、「物質濫用」、「消閒或娛樂」、「性格或行為」、「態度或信念」、「過去的負面經驗」及「心理及精神健康」等。同時，工作員也會因應個案多樣化及考慮其獨特性，作出臨床評估及提供適切之跟進。

階段四：「及早介入：跨專業協作」

針對服務上的需要，守望計劃的特色是採用了跨專業協作的服務模式（Multi-Disciplinary Approach），為犯罪青少年及相關家人，提供即時、有系統及以實證為本的輔導服務，為服務使用者連繫至社會不同的系統和資源，務求令他們得到最及時、全面和合適的服務。守望計劃在設計服務內容時，亦有針對青少年犯罪的成因，並作出多方面的介入，其服務手法包括以下六個方面：危機介入、認知行為治療、家庭支援、正面學習經驗、生命歷程再思及其他專業支援，詳細服務內容如下：

圖三：「守望計劃」服務介入手法

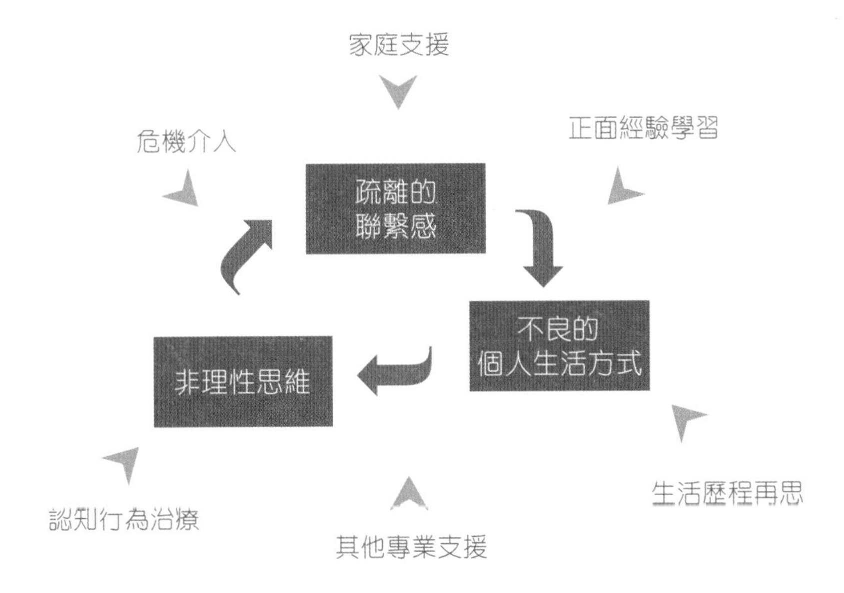

第一，危機介入：工作員會作即時的危機評估及介入，包括安排接案三個工作天內聯絡及七個工作天內進行家訪/面談，評估內容包括被轉介者及家人急切之需要及危機；案主對事件的反思及理解；家人就事件看法、回應及處理方法；案主各個系統支援的情況等；工作員亦會為個案進行犯罪風險評估，訂立個案跟進計劃或作出合適轉介。

第二，認知行為治療：工作員會為被捕青少年提供認知行為治療輔導，例如針對他們之思想陷阱及規條等，以「身心思維自我分析表」、「五常法」、「活動尺」、「餅圖」、「規條尺」等輔導技巧處理非理性思維、情緒及行為，為協助案主提升情緒管理技巧、解難能力、提升守法意識及明白犯案對他人之影響等，從而減低再犯之危機及改善與家人關係。

第三，家庭支援：家庭的諒解和支持是減低重犯機會的一大因素，適時的危機介入不但有助舒緩家庭成員的壓力，亦有助重塑家庭的相處模式，從而鞏固保護因素及提升家庭管教效能，服務包括：

- 親子管教溝通家長小組，目的是增強家庭支援之保護因素。如包括認識青少年成長需要、犯事原因、預防干犯罪行要素、親子溝通、管教技巧及衝突處理等，此小組也強調讓家長學懂諒解子女之過錯，是協助犯錯青少年之重要因素；

- 認知行為治療輔導小組，目的是加強親子關係及家長改善情緒管理技巧，以減低親職管教壓力。如包括協助家長認識自己的情緒、思考模式，處理個人負面思想、情緒及行為，

運用「身心思維自我分析表」及透過具體可行的「五常法」，以放寬在管教上疆化的規條等；及

- 親子活動，如親子歷奇及郊遊活動，以協助青少年及家長減輕生活的壓力，以加強彼此的了解及關係。

第四，正面學習經驗：守望計劃透過技能訓練、守法工作坊、模擬法庭、正向生活訓練及義工活動，例如邀請接受服務青少年參與義工服務，如持續舉行的「守望相愛、關懷送暖」活動，家長及青少年在中心一起製作午飯，除了把午餐送區內獨居長者或有需要家庭外，也藉此向鄰里傳送關懷及支援，有助青少年重新建構正面角色、培養同理心及回饋社會之態度。

第五，生命歷程再思：透過生涯規劃，協助青少年了解自己的價值觀、優點、可改善之處及技能等，以協助他們訂立升學或就業方向，以及其他生活的安排。

第六，其他專業支援：跨專業協作是守望計劃的重要特色，每個專業系統都擔當重要的角色和發揮不同作用，專業協作伙伴包括警察、律師、精神科醫生、臨床心理學家及社區不同的持分者等。例如，警方是轉介個案的主要來源，在獲得被捕青少年及其家長同意下，將合適的青少年轉介至守望計劃；計劃社工也會按需要，轉介青少年或家長至精神科醫生或臨床心理學家，接受全面評估和治療，確保他們在短時間內獲得適切醫療服務；義務律師也會協助推行模擬法庭活動，讓青少年透過模擬審訊，提升守法意識，以更有效地推行守法教育工作，同時，義務律師也就工作員在個案工作上面對的法律疑難提供支援。最後，守望計劃

發掘社區資源，強化服務使用者與地區的連繫，協助他們建立正向興趣和體驗。

階段五：「化危為機：重建正面行為及聯繫感」

最後，對於接受守望計劃服務的使用者，我們期望案主在各方面均會有正面改變，如聯繫感得以強化，與家人、學校/工作或對社區有更強的連繫；提升守法意識，培養正面及多度思考模式，個人生活方式亦更正向及健康。若青少年沒有接觸到守望計劃的服務，我們擔心他們面對危機因素會產生惡性循環，以至延續犯罪者身分之機會會大大增加。

（三）結語

青少年違法行為林林總總，犯罪成因亦非單一化，而是互為影響。故此，預防及處理青少年違法行為絕不能單靠個別專業，而須多方協作，才能有效地協助青少年走出歧途。過去的研究指出青少年違法行為之出現及延續，與家庭關係之親疏有關，加強青少年與家庭之間的聯繫是有效的策略。由於青少年正經歷成長期，開始渴望得到別人的認同與尊重，希望家長能多明白及了解他們的需要，對於青少年來說，家長的關心及體諒是身心健康成長重要的一環。

筆者認為，青少年出現違法行為的不同階段，應有不同的介入方法，「守望計劃：青少年生命啟導模式」內所包括的服務元素，切實地在不同階段回應服務使用者的需要。筆者亦有留意到守望計劃致力推動跨專業協作，並透過不同類型的活動作為介入手法，為被捕青少年及其家人提供適時的支援，協助他們渡過難關，同時亦將案主與家人及社會連繫起來，減低高危因素及強化保護因素。總結而言，筆者希望社會各方能協助犯事青少年重新啟航，及早作出介入及預防工作，避免他們再犯。

「守望計劃」的服務評估及功效

黃成榮[1]、歐陽芷柔[2]及周雅欣[3]

(一) 引言

過去數年間，香港青年協會青年違法防治中心的「守望計劃」為10至17歲被捕及正在接受警方調查的青少年、案件受害人及其家人，提供即時介入輔導及支援服務。計劃的服務概念簡單概括為「3R」，包括: 建立正向思維(Rational Thinking)、建立理性和合法行為(Rational Behaviour)及重新聯繫(Re-connection)，旨在透過跨專業協作及不同類型的活動，協助青少年建立正向思維，強化守法意識，重新聯繫青少年的家庭、學業、工作及社交系統，協助他們重返正途，減少重犯機會。

為了解「守望計劃」對服務使用者的影響，香港青年協會(青協)邀請了香港城市大學應用社會科學系進行獨立評估，評估團隊於2015年7月至2017年4月，與青協青年違法防治中心的工作員進行多次會議，以了解其服務發展、工作手法及內容，包括個案工作、小組工作及其他守法教育活動等。此外，評估團隊亦於2016年5月至11月期間，到訪多個「守望計劃」活動進行實地觀察，及參考了活動前測及後測問卷比對的結果，以分析服務使用者對服務的意見。最後，評估團隊亦透過兩場焦點小組訪問，收集了服務使用者對服務的看法。本文基於所收集的資料，從多角度為計劃的服務功效作總結。

1. 黃成榮 (香港城市大學應用社會科學系教授)，守望計劃評估研究團隊首席研究員
2. 歐陽芷柔 (香港城市大學應用社會科學系研究助理)，守望計劃評估研究團隊成員
3. 周雅欣 (香港城市大學應用社會科學系研究助理)，守望計劃評估研究團隊成員

（二）個案工作檢討

根據青協提供的資料，由2014年6月至2017年3月期間，計劃共接獲超過700個個案，當中發現約五成半青少年從未接觸社會服務。計劃社工在接案後三個月內進行檢討，發現接受服務後的青少年，重犯率低於5%，評估團隊發現，這個數字遠比接受警司警誡的青少年重犯率為低。根據一份有關警司警誡計劃的相關文件指出，從2004年至2013年的十年間，接受警司警誡的青少年重犯率，整體維持在20%以下(立法會，2014)。可見，計劃可達至預防重犯的效用。

有關個案工作的跟進流程、服務內容及手法方面，評估團隊得知，計劃社工在接獲警方轉介後的三個工作天內，便會與青少年及家長聯絡，並安排於七個工作天內進行家訪或面談。工作員透過面談，為被捕青少年及其家人即時提供危機介入及情緒支援，及向個案提供法律程序的支援。工作員亦按個別青少年的需要，在案主及其家人同意下進行家訪，以了解案主生活背景、家庭關係及對事件的看法，制定合適的介入計劃，透過認知行為治療的介入手法，提升青少年守法意識，讓他們明白犯事的後果及嚴重性。此外，就著生命歷程重塑的部分，如就青少年升學、就業等範疇，提供輔導及活動，協助他們了解自己的價值觀、優點、及可改善之處，以訂立生活及未來的方向。另一方面，青少年也可按個人興趣及需要，申請技能訓練的資助，例如語文班、音樂課程、蛋糕製作或與考取專業資格相關的課程等。另外，工作員亦會因應不同個案的背景作出轉介，讓有需要者獲得精神科及心理輔導服務等。「守望計劃」在個案配對工作員方面，亦有很仔細的考慮，為個案配對合適的工作員，以便提供針對性的介入及支援。

評估團隊認為，「守望計劃」能夠有效掌握危機介入時間，在短時間與服務使用者建立工作關係、進行評估及按需要進行轉介，並因應個案的情況，提供適切的即時介入及支援。此外，服務對象案件的性質很多樣化，工作員除了熟悉青少年違法行為的原因及介入手法之外，也需要因應不同個案的背景、干犯罪行、家庭關係、精神健康、司法制度等方面，有一定水平的專業知識，務求在不同層面作出介入。

(三)服務功效檢討

功效是服務所發揮的功能及效果，是次「守望計劃」功效的檢討使用了質性及量性的評估方法，如前文所述，評估團隊使用以下三種評核方法以檢討「守望計劃」的服務，包括 (i) 進行實地觀察、(ii) 參考由計劃工作員設計的活動前測及後測問卷、及(iii) 進行焦點小組訪問，研究結果如下：

(i) 實地觀察

為了進行服務功效檢討，評估團隊到訪了七個不同類型的活動進行實地觀察(見表一)，包括守法教育活動、家庭支援活動、義工服務等，以了解活動安排、內容及流程，及評核工作員是否能有效地透過活動達成所設計的目標，促進服務使用者作出正面的改變，並為他們給予適切的支援。此外，評估員亦觀察了工作員向警務人員簡介「守望計劃」的過程及內容，以了解「守望計劃」如何進行跨專業協作。

表一：研究團隊到訪的活動

	類別	活動名稱	對象
1	守法教育活動	參觀懲教署 - 沙咀懲教所	青少年及家長
2	守法教育活動	模擬法庭	青少年及家長
3	守法教育活動	守法工作坊	青少年
4	家庭支援 - 親子活動	齊齊玩轉馬鞍山	青少年及家長
5	家庭支援 - 家長小組	認知行為治療輔導家長小組	家長
6	義工活動	守望相愛、關懷送暖	青少年及專才義工
7	服務簡介會	守望計劃 - 簡介會	警務人員

實地觀察報告撮要：

第一，守法教育活動。評估員到訪了三個相關活動，包括參觀懲教院所、模擬法庭及守法工作坊，活動讓青少年進一步認識法律知識、審訊程序、犯罪的後果及其嚴重性。例如，懲教署安排了所員以過來人的身分向參加者作出分享，讓參加者明白到犯罪所造成的影響及後果，除了自己要付出代價之外，家人亦會受影響，為他們的生活帶來不同方面的壓力。另外，在模擬法庭活動中，工作員亦與義務律師合作，透過模擬審訊提升參加者對科技罪行與性罪行的認識，提醒青少年守法的重要性，預防重犯。此外，在守法工作坊中，工作員亦有邀請警務人員為青少年講述防罪訊息，例如面對科技罪案或電話騙案之應對及求助方法，工作員亦有向參加者講解有關網絡欺凌的現況、形式及預防網上資料外洩的方法，增強預防科技罪行的認知及提升青少年的守法意識。評估團隊注意到，服務使用者可透過親身體驗、討論及分享增進理性思考及守法意識，服務對促進青少年作出理性及合法的行為有正面作用，有助減低重犯的機會。

第二，家庭支援活動。評估員到訪了兩個活動，包括親子戶外參觀活動及認知行為治療輔導家長小組。例如，定點追蹤、走訪馬鞍山鐵礦場歷史遺址及曲奇餅製作等各項活動能為參加者營造一個輕鬆自由的感覺，讓服務使用者有機會欣賞大自然景色，有助紓緩他們日常生活的壓力；評估團隊注意到工作員能以輕鬆的手法帶動及鼓勵青少年及家長的參與，讓他們得到一個互動的機會及討論的空間，有助加強親子溝通。此外，工作員亦有進行認知行為治療的家長小組工作，協助服務使用者認識情緒、行為及思想的相互影響，並加強家長的溝通技巧，例如教授思想陷阱及五常法，評估員亦觀察到工作員亦有透過小組活動讓組員互相交流及分享自己的感受，達到互相鼓勵及支援的效果。評估團隊認為，親子活動及家長支援工作能將青少年與家長重新聯繫起來，提供機會讓他們建立互相信任及尊重的關係，促進親子溝通。

第三，義工活動。評估員實地觀察了一個為區內獨居長者及低收入家庭製作午餐及探訪的活動，工作員提供一個機會讓服務使用者與專才義工一同製作及包裝食物、進行社區探訪及送贈食物予區內有需要人士。評估團隊注意到這個活動有助增加服務使用者對社區的歸屬感，將青少年與社區聯繫起來，讓他們學習關心弱勢社群。探訪期間，評估員亦觀察到參加者對被探訪者表示關心，並主動了解被訪者的日常生活和健康狀況，活動有助提升青少年的同理心及自我效能感，令他們更加關心身邊的人和事。工作員在活動前向參加者簡介活動內容、目的、及探訪時需要注意的地方，並在活動後進行解說及檢討，回顧活動情況，並邀請參加者分享在探訪活動的所見所聞、遇到的困難、得著、被訪住戶的反應或意見等，工作者亦有促進及鼓勵參加者多作分享，使他們更容易投入活動，氣氛輕鬆。

第四，「守望計劃」簡介會。研究員亦有觀察工作員如何進行服務簡介會，向警務人員介紹計劃理念、目的、服務對象、內容及性質、及轉介方法等，使警務人員對此計劃之認識和了解，以便進行轉介工作。評估員觀察到，工作員能清晰地講解個案轉介方法及程序，並即時提供轉介表格，準備工作相當充足。

根據評估團隊的觀察，活動的目標均順利達成，工作員在活動流程的安排準備充足，在活動過程中，工作員亦發揮著重要的

角色，例如鼓勵組員參與活動、促進組員互相交流及分享自己的感受。評估團隊亦發現，「守望計劃」在跨專業協作的協調和準備工作全面，例如鼓勵前線警務人員為個案進行轉介；邀請義務律師、懲教人員及警務人員為青少年講解法律知識及程序。

(ii) 活動前測及後測問卷

為了解「守望計劃」各項活動的目標是否達成，工作員亦有按照每次活動內容及性質制定一份活動問卷邀請參加者就活動的內容表達意見，包括對活動的看法、得著及滿意程度。有不少活動採用前測及後測問卷，以評估參加者對服務的看法是否有正面之轉變，另一些活動則只設後測問卷檢討。大部分的題目均以利克特10點量表(10-point Likert Scale)的格式 (以1代表「非常不同意」，10代表「非常同意」)，請參加者給予一個自評分數。工作員在以上的六項活動，即守法教育活動、家庭支援活動及義工服務邀請參加者填答問卷，並交予評估團隊作出分析。評估團隊注意到服務使用者在參與「守望計劃」的活動後多有正面的轉變，他們對活動的評價都是正面的，包括在知識的增長、心態的轉變、對活動的得著等方面。

活動前測及後測問卷撮要如下：

第一，在知識的增長方面，例如在參觀懲教院所的活動後，比較活動前測及後測的分數得知，11名參加者對香港司法程序的了解平均有1.7分的增長，顯示參加者對法律程序的認識有所增加；同樣地，在模擬法庭的活動中，全部12名參加者均表示他們對法例的相關知識有所增加，例如對性罪行及科技罪行相關法例的認識，分別有3.2分及3.6分的增長；在守法工作坊的活動中，9名參加者均表示他們對犯事後果的嚴重性有更多的了解，平均分數亦有1.4分的增長，由此得知，可見參加者對司法程序及法例的認識有所增強，故此，守法教育活動能有效地促進青少年對犯罪行為後果之反思，提升青少年的守法意識，有助預防重犯。

第二，在參加者心態轉變方面，例如5位參加了認知行為治療輔導小組的家長亦表示對負面情緒的平均分有所下降，例如「無法停止或控制憂慮」、「過份憂慮不同的事情」、「難以放鬆」、「心緒不寧以至坐立不安」、「容易心煩或易怒」及「感到害怕，就像要發生可怕的事情」，平均下降0.4分至1.2分，當中只有「感到緊張、不安或煩躁」有稍微增加0.2分，可見參加者在情緒控制方面大致上亦有正面的轉變。另外，有關參觀馬鞍山鐵礦場的親子活動，七個受訪家庭對活動能加強親子關係之看法，平均得分為8.4分，顯示大部份的參加者均同意是次活動能提升了親子關係。

第三，在參加者的得著方面，例如17位參加了義工活動的青少年表示，「活動可以讓我更關心社會上有需要的人士」平均分為8.2分，認為「可以讓我加強對社區的歸屬感」之平均分則為8.1分。另外，有參加者亦表示，他們在義工服務學到「助人為快樂之本」、「關心社會/有需要人士」、「團隊合作精神」、「溝通」、「跟老人談話的方式」等，大部份的參加者亦表示希望能再次參與同類型的義工服務，因為他們感到有意義、能夠幫助別人及認識新朋友。由此可見，青少年亦能透過進行義工服務明白到關心社會及社區人士的重要性。

整體而言，從活動問卷的結果得知，參加者對計劃的對各項活動內容、程序及安排感到滿意，服務使用者在知識方面有所增

加、心態有正面的轉變、在活動中有深刻的感受及得著，對活動亦有正面的評價。

(iii) 焦點小組訪問

為進一步了解服務使用者對「守望計劃」服務的看法、評價及建議，評估團隊亦進行了兩次焦點小組訪問，收集青少年及其家人或監護人對服務的意見，第一次的焦點小組共有八位青少年出席，第二次焦點小組則有五位家長或監護人參與。評估員向服務使用者了解他們曾參與的活動或服務；他們對活動的印象、得著、評價；對活動的建議及期望。

焦點小組訪問撮要：

第一，青少年焦點小組。有關服務使用者的得著方面，參加者表示，參觀懲教院所和守法工作坊活動令他印象深刻，讓他明白到犯事的嚴重性，認識到更生服務如何協助在囚人士改過自身，對懲教工作範圍和性質亦得到全面了解。另一名青少年表示，她在模擬法庭的活動中扮演律師一角，讓她學習到慎言和凡事應三思而後行的重要性。此外，有部分參加者則對技能訓練活動印象較為深刻，認為透過活動除了學習到新技能外，還有助了解自我的不足。例如有青少年表示自己是一個沒耐性的人，但體驗到蛋糕製作的過程是需付出時間及心機，令她明白到自己需要改善的地方。亦有一名青少年表示，活動讓她學會了分享，因為參加了蛋糕製作課程後，可與朋友分享製成品，一同分享努力所得來的成果。此外，亦有青少年對義工活動留下深刻的印象，認為透過探訪可以了解區內長者或低收入家庭不同的需要，及與他們聊天，互相交流。另一名青少年則表示，她被邀請到一個家長小組作分享，這個經驗對她來說幫助最大，因為透過交流及分享，讓她明白到犯事者家人的感受，她亦獲得家長們的鼓勵、肯定和支持，令她非常開心。在有關活動建議及期望方面，有數名青少年比較喜歡蛋糕製作的活動，希望能有機會再參與不同類型的活動。亦有參加者建議可考慮延長義工活動的探訪時間，或能嘗試安排到安老院所進行探訪，他們便可以有較多時間與長者聊天，增加彼此互動及溝通的機會。

第二，家長或監護人焦點小組。有家長或監護人表示，令她感到最深刻的是有關毒品介紹的活動。透過活動讓她認識到毒品的種類和吸食毒品人士的特徵，對辨識吸毒行為的敏感度有所提升。另外，亦有人表示，家長小組令她們進一步了解自己溝通的模式，並能更深入認識到現今青少年的特質，她亦在小組內學習到溝通和管教技巧，除了有助於與子女溝通之外，亦同樣有助於人際溝通及交往。此外，有家長或監護人表示，感覺到自己跟其他的參加者同坐一條船，大家都同樣經歷相似的問題，故此她們可以互相交流處理事件的心得及手法，細心聆聽大家的分享，她亦能從中得到安慰。大部份人均認為家長小組及家長支援服務能幫助到她們，她們學習到有效的溝通方式和技巧，使她們與子女的關係有正面的轉變，小組內所教授的知識技巧亦非常實用，讓她們增加自己對周邊事物的觀察力，並有效促進自我反省。有家長表示自己能將學習到的溝通技巧應用在日常生活中，她認為自己與女兒的關係有所改善，亦感到女兒有正面的轉變。有關建議及期望方面，全部組員均認為「守望計劃」的活動及服務很好，有家長建議中心可考慮為青少年舉辦一些恒常活動，讓他們可以透過參與中心的活動認識新朋友，增強朋輩間的支援。此外，亦有

人期望中心能夠舉辦一些參觀活動，例如參觀警察學校或消防局，及提供多方面興趣及技能訓練活動，讓青少年訂立奮鬥目標，有助達到防罪效果。

綜合而言，被訪的青少年及家長均對「守望計劃」的服務表示欣賞，對中心活動的評價亦十分正面。大部份青少年均表示中心節目內容豐富，有不同類型活動以供選擇；社工有亦按個別人士的興趣，邀請他們參加合適的活動。大部份家長表示，感到社工的關懷及支持，在他們需要協助的時候伸出援手，不但能夠幫助青少年，也幫助了一群家長。此外，家長們亦目睹子女的改變及進步，讓她們對「守望計劃」的活動及服務更有信心，希望中心能多舉辦活動，讓未來有更多有需要的人士受惠。

（四）綜合評估

評估團隊得知，「守望計劃」共有四名工作員，包括計劃督導、主管及兩名社會工作員，計劃督導按照地區、案主性別、個案性質及複雜程度，以及工作員的工作手法及工作量，為個案進行配對工作，務求安排最合適的工作員為參加者提供服務及支援。綜合評估總結如下：

3.1 守望計劃能發揮危機介入及填補現時服務空隙的作用

評估團隊相信，計劃能提供即時的危機介入及支援，若工作員未能及時作出支援，青少年很容易會再次踏上犯罪者之路，產生挫敗感，由此看來，計劃工作在青少年犯罪預防方面發揮著一定的作用。除了提供即時危機介入、跟進輔導、家庭支援和公眾教育等服務外，「守望計劃」同時提供精神健康諮詢及支援。經初步評估後，若計劃社工認為個案有需要接受精神健康服務，會在案主同意下將個案轉介至私營診所，在約一個星期內安排案主與精神科醫生或臨床心理學家會面，作進一步評估。此項跨專業協作服務，能有效地讓服務使用者及家人，盡早得到適切的治療。故此，評估團隊認為計劃能夠發揮危機介入及填補現時服務的空隙的作用。

3.2 「守望計劃」能應用認知行為治療作為個案輔導介入手法，協助服務使用者建立正向思維

評估團隊認為，工作員能靈活地應用認知行為治療法，針對個案的背景在多方面進行介入，為提升案主的守法意識、增加案主對犯事後果的認識、協助服務使用者建立正向思維，以及預防重犯。工作員主要在個案及小組工作方面使用認知行為治療法，

活動內容如下：

在個案跟進方面，工作員以認知行為治療法作為個案輔導介入手法，例如針對青少年之思想陷阱及規條等，以「身心思維自我分析表」、「五常法」、「活動尺」、「餅圖」、「規條尺」等輔導技巧，讓案主了解思想如何影響人對事件的理解及闡釋，繼而產生負面情緒及非理性行為。另外，工作員與案主一同剖析事件、思想、情緒和行為之間的關聯性，藉此協助案主提升情緒管理技巧、解難能力、守法意識等，從而減低再犯的危機及改善與家人關係。在小組工作方面，工作員幫助青少年家長或監護人認識自己的情緒、思考模式、辨識思想陷阱，處理個人負面思想、情緒及行為，學習改善情緒管理技巧，有助加強親子關係，以減低親職管教壓力。

評估團隊認為，認知行為治療法能協助工作員對個案進行系統性評估及分析，使介入方向更為清晰。如前所述，從活動問卷的前測及後測問卷亦得知，參加者亦有正面的轉變。故此，使用認知行為治療法在協助服務使用者建立正向思維有一定的作用。

3.3 「守望計劃」能協助青少年重新聯繫家人及其他正向機構，以達至社會復康作用

守望計劃一直致力進行跨專業協作，協助青少年重新聯繫家人、社會及其他正向活動。例如舉辦親子戶外參觀活動到馬鞍山鐵礦場歷史遺址及一同製作曲奇餅等各項活動，讓青少年及其家人能多作互動及討論，有助加強親子溝通；另外，工作員亦有邀請接受服務的青少年參與義工服務，例如「守望相愛、關懷送暖」活動，青少年及家長一起製作午飯，並把午餐送到區內獨居長者或有需要家庭，希望藉此機會讓服務使用者與鄰里多作交流，並

向他們傳送關懷及支援。

評估團隊認為，工作員能透過親子活動及提供家庭支援服務兩個方面入手，協助參加者改善與家人之溝通關係，加強案主的家庭系統支援。計劃亦有發掘社區資源，強化服務使用者與地區的連繫，協助他們建立正向興趣和體驗，參加不同的興趣班，例如音樂、運動及語文等，有助令青少年及其家庭的系統得以強化，有助促進社會復康過程。

3.4 「守望計劃」能拓展服務至更年長的青年人，使更多人受惠

從前線工作員經驗分享所得，18至24歲的青少年有可能干犯一些嚴重的罪行，例如販運危險藥物、跨境販毒、參與假結婚犯罪集團活動等罪行，部份的年青人受金錢利誘下挺而走險，以身試法。故此，「守望計劃」於2016年7月起，將服務對象範圍由10至17歲擴展至10至24歲，期望能夠為更多有需要的青少年及其家庭提供危機介入及跟進支援服務。評估團隊認為，計劃能因應實際情況及早作出適切的調整，使更多有需要的年青人受惠。

3.5 「守望計劃」能拓展服務範圍至更多區域

整體而言，計劃透過跨專業協作及不同類型的活動，為青少年及家長提供適時的協助，發揮了不同的功能與作用。在轉介流程方面，計劃社工與警方的合作是暢順的。然而，評估團隊認為，若警方能夠轉介更多個案至守望計劃，將有助提升轉介數字的穩定性。守望計劃的服務範圍原本是覆蓋新界南總區九間警署，其後計劃的服務模式亦於2016年4月起拓展至新界北總區，為更多被捕的青少年提供服務。基於其功能及效用，若計劃能擴展至全港的警區，將會是青少年預防犯罪服務的一大喜訊。

3.6 建議把服務定為恆常化

本研究團隊建議把「守望計劃」定為恆常化服務，以補現行服務不足，而由於現時該計劃不是獲政府恆常資助，在基金資助完結後，需繼續申請其他資助以延續服務，這令到服務的持續性面對很大的挑戰。守望計劃能達致面向被捕青少年及其家人之需要及終止犯罪的效能，因此，本研究團隊建議把「守望計劃」的服務模式，定立為「恆常化」服務，在預防犯罪青少年服務發展上，是向前走了一大步。

（四）總結

總結而言，大部份服務使用者包括青少年及家長對「守望計劃」的活動及支援服務評價正面，活動內容豐富及多元化，活動的設計亦有加入3R的服務元素，包括透過活動建立正向思維及守法知識，從而建立理性及守法行為，並加強青少年與家長及社區的聯繫。此外，工作員能因應服務使用者個別需要及興趣，邀請他們參與合適的活動和輔導，亦能為家長提供適切的支援。

從以上各方面所收集到的意見得知，評估團隊相信「守望計劃」能夠發揮下列的功能及效用：

1. 有效地為犯事青少年及其家人提供支援，讓他們面對及處理危機。
2. 有效地讓家長互相交流及分享感受，達到支援家長面對及處理危機的功能。
3. 有效地提供機會讓青少年與家長重新建立互信及尊重的關係，多作溝通，共同處理問題。
4. 有效地在跨專業協作上作出協調，作出多方面的介入。
5. 有效地讓青少年提升同理心及自我效能感，預防犯罪。
6. 有效地增強青少年對法律程序及條例的相關知識，提升守法意識。
7. 有效地讓青少年明白到犯罪所造成的影響及後果，預防重犯。

參考資料：
立法會(2014)。立法會十六題：警司警誡計劃。香港：香港特區政府新聞公報。

終止犯罪：理論發展與概念框架初探

莫偉賢[1]及黃成榮[2]

（一）導言

犯罪學(Criminology)是一門結合了多種理論的社會科學領域，一般包括心理學、社會學、法律、社工及法證等理論和技術，其主要的焦點是探索犯罪的種類、性質及成因，透過科學研究方法找出預防及控制犯罪行為的方法。犯罪學的知識及研究對於處理社會上林林總總的違規和違法行為貢獻良多。

犯罪學理論相當多，而且各有特點及成就。自十八世紀中後期興起的古典學派(Classical School)，十九世紀中的實證學派(Empirical School)，以及二十世紀初期的芝加哥學派(Chicago School)，犯罪學的焦點漸漸由研究人類的自由意志，到犯罪者的生理特徵、心理性格、都市化發展及貧窮問題如何導致犯罪行為的出現與延續。二十世紀中期的犯罪學理論如文化失範理論(Anomie

1. 莫偉賢(香港理工大學香港專上學院講師)，「守望計劃」評估研究團隊成員
2. 黃成榮(香港城市大學應用社會科學系教授)，「守望計劃」評估研究團隊首席研究員

Theory）、差別接觸理論（Differential Association Theory）、社會控制理論（Social Control Theory）、次文化理論（Subcultural Theory）、標籤理論（Labeling Theory）、理性選擇理論（Rational Choice Theory）、日常活動理論（Routine Activity Theory）及衝突理論（Conflict Theory）等亦相繼出現，焦點漸漸分散於下列的方向：

- 探索個性和神經機能是否可能導致犯罪？
- 探索社會是否有足夠的合法手段讓人去實現自己和社會認定之目標？
- 探索低下層的人士是否因缺乏社會資源而轉向犯罪？
- 探索犯罪價值和行為是否從學習得來？
- 探索人是否依附了次文化群體或習染了犯罪價值和行為而參與犯罪？
- 探索人是否因為被邊緣化或被負面標籤而成為犯罪者？
- 探索人的活動模式是否與犯罪有密切的關係？
- 探索法律是否統治階級的工具，被創造出來以維持既有的社會秩序，犯罪是因利益群體間之衝突而來？

二十世紀初期的心理學，包括佛洛伊德學派（Freudian Theory）、行為學派（Behavioral Theory）及社會學習學派（Social Learning Theory），以及二十世紀中期的社會工作理論，包括家族治療（Family Therapy）、認知行為治療（Cognitive Behavioral Therapy）及動機式晤談（Motivational Interviewing）等，相繼被整合於剖析犯罪、輔導及治療罪犯工作上，犯罪學漸漸發展成為一門綜合的社會科學實務學科，其後再加上法律的知識和法證的技術，犯罪學在預防犯罪、刑偵、司法及罪犯的康復工作上，愈來愈受政府及非政府組織所重視。值得注意的是，犯罪學雖然是以科學方法追求對犯罪現象的真相與解決方案，人本犯罪學家許春金（2013）提醒我們研究犯罪學不單是進行科學化的統計，同時也要平衡定質與定量的兩種研究手法，亦要以藝術化態度來澆灌和發展這一塊園地，以情緒抒發及心靈治療來弭平、修復犯罪所造成的傷害與痛苦。

踏入廿一世紀，犯罪學並沒有停留在爭辯甚麼理論和技術最有用，犯罪學者——尤其是從事生涯發展（life course perspective）的學者開始埋頭苦幹地研究甚麼是終止犯罪的重要因素（factors of desistance），這顯然是令人興奮的。目前研究終止犯罪的方向包括了下幾個重要的命題：1. 犯罪者自願停止犯罪行為多久才算是終止犯罪呢？2. 停止犯罪是立刻可以做到，還是要經歷一個漫長的過程呢？3. 中止或終止犯罪（下文述）的步驟是否由認知的轉變（cognitive change）繼而導致行為的轉變（behavioral change）呢？4. 終止犯罪的因素是靜態的（static）還是動態的（dynamic）呢？5. 哪一種犯罪行為是較容易中止或終止的呢？6. 在年齡、性別、家庭背景、犯罪歷史、身分認同、歸屬感等變項中，哪一項是終止犯罪最重要的因素呢？7. 終止犯罪成效是否與個人及社會等系統因素息息相關呢？

（二）終止犯罪理論發展及概念框架

「終止犯罪」(desistance)，又名犯罪斷念，這個概念其實並不簡單，它包涵了犯罪生涯的短暫停頓、轉型、或是永久完結。有學者在探討犯罪斷念的過程上提及到「中止犯罪」和「終止犯罪」兩個詞彙，前者是指短暫停止而後者是指完全停止，兩者的描述各有特色(許春金，2013；黃曉芬，2006)。「終止犯罪」這個概念早於1977年由美國學者Thomas Meisenhelder於犯罪學期刊《Criminology》提出，當時「desistance」一字還未被學界使用，而「終止犯罪」則被解作「exiting from criminal career」，Meisenhelder並把「終止犯罪」理解為犯罪者成功地脫離之前的犯罪生涯(Meisenhelder，1977)。

在過去的數十年來，不同學者相繼對「終止犯罪」提出了本質相似但又不盡相同的理解，例如Loeber & Le Blanc在1990對「終止犯罪」提出了一個相對較全面的概念，他們建議以四個不同的面向來定義「終止犯罪」，包括減慢犯罪的頻率(deceleration)、減少犯案的多樣性(specialization)、減少犯案的嚴重程度(de-escalation)及沒有變本加厲地維持一定的犯案程度(reaching a ceiling)(Loeber & Le Blanc，1990)。Uggen & Kruttschnitt於1998年把「終止犯罪」解作為從犯罪行為轉化成非犯罪行為狀態，並指出該非犯罪行為狀態需要持續及加以維持(Uggen & Kruttschnitt，1998)。而Laub & Sampson於2003年則認為「終止犯罪」是一個潛藏的動態過程，整個過程並不是突然出現的變化，而是一種逐漸的轉變(Laub & Sampson，2003)。

在現今的犯罪學界中，「終止犯罪」已廣泛被描述為犯罪者由恆常犯罪變成中止犯罪(cease to offend)的一個過程(Shapland、Farrall & Bottoms，2016)。雖然學界有不少文獻提及有關「終止犯罪」

這個概念，但到目前為止，學界對於「終止犯罪」還沒有達到一個一致性的操作性定義，尤其是對於不同犯罪頻率和犯罪嚴重程度之下降是否符合「終止犯罪」所描述的狀態仍然有頗多分歧和不同理解。然而，綜合不同學者的研究，我們也可以從中探索到在終止犯罪的過程中有顯著影響的因子（desister）來建構這個理念並提出下列研究概念框架：

圖一：「終止犯罪」因子概念框架

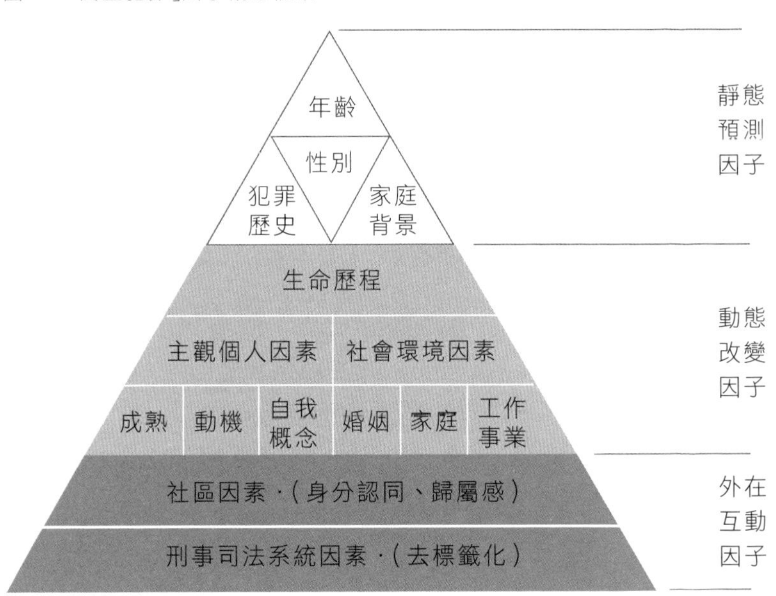

在「終止犯罪」的研究中，犯事者的「生命歷程」是整個研究的主軸，而圍繞著犯事者的「終止犯罪」因子在犯罪學界中曾被眾多學者作不同的區分。Laub & Sampson在2001年更建議學界應該整合不同的主觀和客觀因素，以便對「終止犯罪」有更全面的理解（Laub & Sampson，2001）。從筆者建構出來的上圖可見，在整合各式各樣的終止犯罪因子後，可把各因子分為三大類別：1. 靜態預測因子，2. 動態改變因子，和3. 外在互動因子。在靜態預測因子中，Gendreau等人提出年齡、性別、犯罪歷史和家庭背景是四個與「終止犯罪」相關的顯著因子（Gendreau et al.，1996），這些因子可以被理解為犯事者的背景因素，是相對地較為屬於靜態的分類。但學術研究也指出靜態預測因子對於「終止犯罪」有一定影響，例如在年齡因子方面，少年犯事者在少年的中晚期所出現的犯罪行為有顯著下降趨勢（黃曉芬，2006）；而在性別因子方面，女性比男性犯事者更會受子女和具支持的家庭或社會關係影響下終止犯罪行為（Rodermond et al.，2016）。

在動態改變因子方面，學者在過去有關「終止犯罪」的研究中也相繼提出與犯事者「生命歷程」相關而具轉變性的重要因子，而Lebel及其同儕等人認為犯事者由持續犯罪到終止犯罪的過程中所經歷的變化，是基於個人主觀因素和社會環境因素互動後所產生的結果（Lebel et al.，2008）。故在上述的概念框架下，我們可以把動態改變因子再歸類為兩大範疇，首先在個人主觀因素中，我們主要是以犯事者內在的認知能力和對抗拒犯罪的認同感來改變犯罪行為，例如Maruna於2001年提出犯事者身心上漸趨成熟（maturation）可以減少與街頭犯罪有關的行為（Maruna，2001），而其他學者也認為身心成熟可以幫助犯事者改變對應社會上不同狀況的能力，例如加強自我控制能力和減少衝動行事等（Steinberg、Chung & Little，2004），這可使犯事者在犯罪之前加以思考，遠離犯罪行為。隨了在成熟程度有所改變之外，犯事者在犯案動機及自我概念上的改變也是重要的個人主觀因素，例如犯罪者希望可以過更好的生活或以正當途徑賺取金錢而令犯案動機消失（黃曉芬，2006）；而自我概念則可以被理解為犯事者從自身的經驗出發以詮釋和理解他們周遭的世界，以改變個人的選擇、價值觀及目標（Lebel et al.，2008）。研究也指出幫助犯事者發展出認同社會價值觀的正面身分（pro-social identity）、能掌握將來的生活及塑造生活的意義等，均可以令他們停止犯罪行為（Maruna，2001）。此外，有關社會環境因素方面，婚姻、家庭和工作事業是較為顯著的因子，當中圍繞犯事者在社會環境（social context）上的轉變可以為他們帶來重新被定義和有嶄新的社交關係，令他們有更多推動「終止犯罪」的動力（Mulvey et al.，2004）。而Sampson & Laub也指出不同的人生轉捩點（例如婚姻、就業、為人父母等）在「終止犯罪」的過程中可以作為催化劑，以支持犯事者在行為上作長期的改變（Sampson & Laub，1993）。同樣地，Maruna的研究也指出在犯事者的早期成年期（early adulthood）中家庭和婚姻所出現的社會連結（social bond）因素可以幫助改變犯事者的犯罪行為（Maruna，2001）。

最後，有關外在互動因子方面，社區因素及刑事司法系統因素是兩個十分重要的因子，以協助犯事者「終止犯罪」（King，2014）。在社區因素方面，研究認為建構犯事者的身分認同及提升其被社會的認同感均有助犯事者遠離犯罪者之路，例如讓犯事者與社區共享道德價值、與不同持分者建立互信關係，可幫助犯事者真正融入社區生活（Fox，2014；Laws & Ward，2011）。然而，整個刑事司法系統，包括由介入至淡出的過程，也會對犯事者改過自身有著重要的影響，而當中「去標籤化」的元素已被學界認定為一個顯著的「終止犯罪」因子（Seaman & Lynch，2016）。就釋後監管工作而言，懲教人員對更新人士的信任及鼓勵可以有效地幫助犯事者重新投入新的工作環境及生活，遠離犯罪之路（Maruna & Lebel，2003）。

縱使「終止犯罪」很可能是一個自然現象，但也可以受以上所描述的動態因素所協助，使犯罪者有更大可能經歷「終止犯罪」的過程。簡單說，「終止犯罪」可以被理解成一個由個人因素、社會環境因素、社區因素、以及刑事司法系統因素互動下的產物，使犯罪者能夠遠離犯罪路徑。

除了回顧有關不同因子對「終止犯罪」的影響外，另一個重要的研究領域是把「終止犯罪」的過程分為不同層級之理解。要充分發揮不同「終止犯罪」因子的作用，Maruna & Farrall於2004年認為「終止犯罪」可分為兩級，第一級(primary desistance)是終止犯罪行為，這一級的「終止犯罪」要求犯罪者在犯罪行為(behavior)上有所改變，是一種形式上的遵從法規(formal compliance)、相對短期的表現；第二級(secondary desistance)是重構犯罪者的身分(identity)，這一級的「終止犯罪」要求犯罪者在身分上有一個明確的轉變，由犯罪者變成守法者，從而發展出實質的守法意識(substantive compliance)，這一層級對於「終止犯罪」所帶來的作用相對長期(Maruna & Farrall，2004)。而McNeill在2014年基於上述的理解，提出了第三級(tertiary desistance)的「終止犯罪」階段，這一級是要建立犯罪者對社會和社區的認同感(sense of belonging)，他認為令犯罪者看到在別人眼中的自己有所轉變以及自己在社會中的位置更能為犯罪者帶來既實質又長期的作用，使犯罪者能「終止犯罪」(McNeill，2014)。

由此看來，「終止犯罪」成功與否，取決於與個人、家庭、工作、社區以及整個刑事司法系統等因子，而把「終止犯罪」的階段分為三個級別能夠讓犯罪學界更有系統地評估不同因子的作用及影響力，使我們可以為犯事者制定合適的介入模式。

圖二：「終止犯罪」層級金字塔

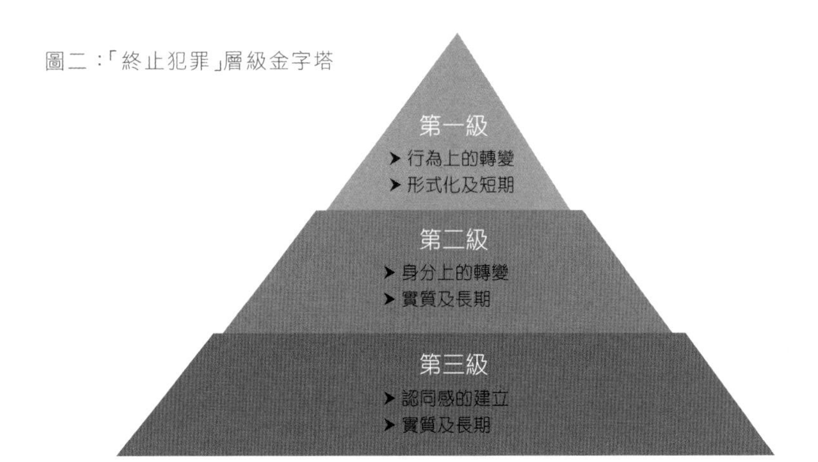

在過去的學術研究中，我們可以看見「終止犯罪」的過程均會出現於不同年齡層及不同類別的偏差或犯罪行為之中，其中包括青少年街頭犯罪（Maruna，1999）、校園欺淩（Thompson & Arora，1991）、反社會（Mulvey et al.，2010）、物質濫用（Chen & Kandel，1995；Schulenberg、Maggs& Hurrelman，1997）、嚴重襲擊及性犯罪等行為（Mulvey，2006）。除了青少年犯罪與偏差行為外，成年人的犯罪行為也會出現「終止犯罪」的現象，例如涉及性犯罪（McAlinden et al.，2016）、家庭暴力（Walker et al.，2013）及侵犯他人財物罪案（Burnett，1992）等行為，可見此理論的應用範圍漸趨廣泛及全面。因此，藉文獻的回顧，我們可以進一步了解如何加強犯事者在刑事司法系統中的處遇方式，以幫助他們早些摒棄犯罪行為。Uggen等人曾經提出以重構自我概念及提供工作機會配合就業主導的課程，以更有效方式協助犯事者終止犯罪行為（Uggen et al.，1997）；Farrall則認為成功的感化服務需與個人動機、生活意義及個人與社會關係互動之下而產生（Farrall，2002），這些學者的意見均對預防犯罪的研究和工作有一定程度的啓發。

（三）結語

若我們將「守望計劃」的青少年生命啟導模式」與「終止犯罪」理論框架稍作比較，不難看到其共通之處。第一，計劃相當重視青少年的生命歷程，社工們致力透過及早介入之方法，幫助犯事者在人生遇上危機時避免重蹈覆轍。第二，計劃由初步評估至提供輔導之過程中，均重視犯事者的靜態因子及動態因子，從「青少年犯罪危機風險評估工具」的十項評估向度中，我們見到很多評估範疇與「終止犯罪」概念相同，包括個人、家庭、工作、社區等因子。第三，計劃在協助青少年反省自己所作的行為時，相當關注案主是否有非理性的思考模式，在提供情緒或心理的支援的同時，社工啟導他們思考自己所作的行為如何觸犯法律及影響他人，針對個人主觀因素而對症下藥。第四，計劃亦相當鼓勵犯事者作出身分上的轉變，提供服務時不單是朝向青少年，更包括了他們的家人，因為家人在此時刻對孩子的支持絕對有助青少年重建身分及認同感。

目前，有關終止犯罪的研究只是起步階段，我們藉此機會在評估守望計劃的服務的同時，更進一步討論「終止犯罪」的概念框架，這是令人興奮的。我們借此文拋磚引玉，盼望未來有更多本土的研究出現，對協助犯罪者走出歧途及「終止犯罪」理論發展作出貢獻。

參考資料：

許春金(2013)。《犯罪學(修訂七版)》。台北：三民書局股份有限公司。

黃曉芬(2006)。《終止犯罪之研究》。台北：國立台北大學犯罪學研究所碩士論文。

Burnett, R. (1992). The Dynamics of Recidivism. Oxford: Centre for Criminological Research, University of Oxford.

Bushway, S.D., Thornberry, T.P., and Krohn, M.D. (2003). Desistance as a developmental process: A comparison of static and dynamic approaches. Journal of Quantitative Criminology. 9:129–153.

Chen, K. and Kandel, D. (1995). The natural history of drug use from adolescence to the mid-thirties in a general population sample. American Journal of Public Health, 85:41–47.

Farrall, S. (2002). Rethinking what works with offenders, Willan Publishing: Cullompton, Devon.

Farrington, D.P. (2003). Key Results from the First Forty Years of the Cambridge Study in Delinquent Development. In Terence P. Thornberry and Marvin D. Krohn (Eds.), Taking Stock of Delinquency: An Overview of Findings from Contemporary Longitudinal Studies, pp. 137-83, Boston: Kluwer.

Fox, K. J. (2014). Theorizing community integration as desistance-promotion. Criminal justice and behavior, 42(1), 82-94.

Gendreau, P., Little, T., & Goggin, C. (1996). A meta-analysis of the predictors of adult offender recidivism: What works! Criminology, 34, 575-607.

King, S. (2014). Supporting Desistance in Youth Justice. Paper presentation in NAYJ Transforming Youth Justice Seminar. De Montfort University, Leicester.

Laub J.H. and Sampson. R.F. (2001). Understanding Desistance from Crime. Crime and Justice, 28, 1-69.

Laub, J.H., & Sampson, R.H. (2003). Shared Beginnings, Divergent Lives: Delinquent Boys to Age 70. Massachusetts: Harvard University Press.

Laws, D.R., & Ward, T. (2011). Desistance from Sex Offending: Alternatives to throwing away the keys. New York, London: The Guilford Press.

LeBel, T.P., Burnett, R., Maruna, S., & Bushway, S. (2008). The chicken and egg of subjective and social factors in desistance from crime. European Journal of Criminology, 5(2), 131-159.

Loeber, R., & Le Blanc, M. (1990). Toward a developmental criminology. Crime and justice, 12, 375-473.

Martinson, R. (1974). What works? - Questions and answers about prison reform, The Public Interest, 35: 22-54.

Maruna, S. (1999). Desistance and development: The psychosocial process of going straight. The British criminology conferences: Selected proceedings (Vol. 2). UK: British Society of Criminology.

Maruna, S. (2001). Making good: How ex-convicts reform and rebuild their lives. Washington, DC: American Psychological Association.

Maruna, S. and Farrall, S. (2004). Desistance from crime: A theoretical reformulation, Kvlner Zeitschrift fur Soziologie und Sozialpsychologie, 43: 171–94.

Maruna, S., & LeBel, T. (2003). Welcome home? Examining the 're-entry court' concept from a strengths-based perspective. Western Criminology Review, 4, 91-107.

McAlinden, A-M., Farmer, M., & Maruna, S. (2016). Desistance from Sexual Offending: Do the Mainstream Theories Apply? Criminology and Criminal Justice, 17(1), 1-31.

McNeill, F. (2014). Three aspects of desistance, blog-post based on a short paper prepared for a University of Sheffield Centre for Criminological Research Knowledge Exchange Seminar at the British Academy in London on 15th May 2014, online at http://blogs.iriss.org.uk/discoveringdesistance/2014/05/23/three-aspects-of-desistance/

Meisenhelder, T. (1977). An exploratory study of exiting from criminal careers. Criminology, 15(3), 319-334.

Mulvey, E.P., Steinberg, L., Fagan, J., Cauffman, E., Piquero, A. R., Chassin, L., & Losoya, S.H. (2004). Theory and research on desistance from antisocial activity among serious adolescent offenders. Youth Violence and Juvenile Justice, 2(3), 213-236.

Mulvey, E. P. (2006). Pathways to Desistance Study. Children, Youth and Family Background, 89,1-2.

Mulvey, E.P., Steinberg, L., Piquero, A.R., Besana, M., Fagan, J., Schubert, C., & Cauffman, E. (2010). Trajectories of desistance and continuity in antisocial behavior following court adjudication among serious adolescent offenders. Development and psychopathology, 22(02), 453-475.

Rodermond, E., Kruttschnitt, C., Slotboom, A.M., & Bijleveld, C.C. (2016). Female desistance: A review of the literature. European Journal of Criminology, 13(1), 3-28.

Sampson, R.J., & Laub, J.H. (1993). Crime in the making: Pathways and turning points through life. Cambridge, MA: Harvard University Press.

Seaman, V., & Lynch, O. (2016). 'Learning the Basics of How to Live': Ex-prisoners' Accounts of Doing Desistance. Irish Probation Journal, 13, 65-83.

Shapland, J., Farrall, S., & Bottoms, A. (Eds.). (2016). Global Perspectives on Desistance: Reviewing what We Know and Looking to the Future. London and New York: Routledge.

Steinberg, L., Chung, H.L., & Little, M. (2004). Reentry of young offenders from the justice system: A developmental perspective. Youth Violence and Juvenile Justice, 1, 21-38.

Schulenberg, J., Maggs, J., Hurrelman, K. (1997). Health risks and developmental transitions during adolescence. Cambridge, UK: Cambridge University Press.

Thompson, D., & Arora, T. (1991). Why do children bully? An evaluation of the long-term effectiveness of a whole-school policy to minimize bullying. Pastoral Care in Education, 9(4), 8-12.

Uggen, C., Piliavin, I., & Matsueda, R. (1997). Jobs programs and criminal desistance. Washington D.C.: Urban Institute.

Walker, K., Bowen, E. and Brown, S.J. (2013) Desistance from intimate partner violence: A critical review. Aggression and Violent Behavior, 18 (2), 271-280.

心裡的聲音——暴力罪行

姓名：

家俊（化名）

年齡：

15歲

干犯罪行：

普通襲擊及
刑事恐嚇

案件簡述：

家俊與同學發生衝突，在學校襲擊及恐嚇對方，其後被警方拘捕，並接受「守望計劃」吳sir的支援服務

PROJECT R 守望計劃
被捕青少年支援服務

這個家中，好像只有兩種聲音——全然的寂靜，或是火星撞地球，吵個翻天地覆。

前一刻，家俊還在寧靜中擁抱睡夢；下一刻，已被不容拒絕的重響將他從熟睡中折騰起來。「啪——啪——啪——！」這熟悉的響聲是媽媽拍門叫他起床的聲音，像是要把門拆毀的力度，帶著對他遲遲未起床的不滿。

家俊還沒從夢中完全清醒，眼皮沉重地緊閉著，拒絕迎接新一天的來臨。然而，媽媽一連串的怒罵聲已從門縫鑽進他耳內，催迫著他。沒有人在罵聲中醒來還能保持好心情的，而個性火爆的家俊更是被挑撥得煩躁不已。即使喉嚨還乾涸著，已經啞著嗓子反擊回去。

他無法容忍別人的言語攻擊，半句也容忍不了。既然被凶了，就要凶回去，這是他的人生哲學。

然而，對母親來說，駁嘴就是不孝。天底下沒有比不孝更不可饒恕的事。她想起自己從丈夫過身以來要獨自面對的種種辛酸，自己百般保護含辛茹苦養大的兒子如此不孝，每句不客氣的說話都像利刃插進她的心。母子倆唇槍舌劍了數個回合，怒火攻心的母親，突然拔出了架子上的菜刀。被負面情緒壓迫著的婦人，迫切的想要從這一切痛苦中解脫，她衝出廚房。

少年的氣息已從客廳消失。那些他總是隨意亂丟的書包和校鞋都和它們的主人一併步出家門了。又到了星期一，是兒子回到寄宿學校的日子，直到周末來臨前，兩人都無法再吵起來了。沉默中，母親慢慢放下了菜刀。

這個家，又恢復了寂靜，孤寂的寧靜。

壞　話

「我發現，轉來這所學校以後，你真的都不講話呀……」

聽見好友樂仔說的話，家俊感到十分滿意。在寄宿學校的那幾年就是因為太吵又招人注目，所以才會惹來學校一些高年級學生的「特別照顧」，每年總少不免帶些傷在身上。現在跟著樂仔一起轉校，他已打定主意要低調做人。人不犯他，他不犯人……但人若犯他，就是以牙還牙的時候了。他再也不是被人欺負卻無力反擊的孩子。

像是前幾天，家俊和另一個班上同學玩線上遊戲，那傢伙自己玩不好竟然罵起他來，這口氣他嚥不下，立時就在網上罵回去。最後對方撇下狠話，說甚麼要他「放學小心點」……哼！真是好笑！家俊隔天更忍不著要跟樂仔分享。

「你說那個很愛講是非的人？我還聽見他最近在講你壞話呢！」

家俊連忙追問對方說過甚麼，樂仔把他記得的都講過一遍，讓家俊愈聽愈氣。「竟然跟你講我的壞話？他不知道你和我從小就一起玩的嗎？」

「他就是不知道才在我旁邊講啊……」

「說曹操，曹操便到」。話題的中心，正巧就在路上與他們相遇。那人說過種種難聽的說話，立時就在家俊的耳邊迴響起來。家俊隨即上前質問，偏偏對方裝傻裝到底，死口不認自己說過這

些話，讓家俊也無可奈何。最終雙方和平散去，各自歸家。

然而，這並非故事的終局，而是序幕。

就在家俊與樂仔準備道別分開時，樂仔的手機鈴聲響起了。來電顯示上，寫的正正就是剛才與家俊不歡而散的那位同學。「嗯？你說家俊？他……」兩人互換了一個眼色，讓樂仔繼續說下去。「他當然是回家去了，怎麼了？」

電話的另一側，似乎噴發了火山般的怒氣，讓樂仔皺起了眉。家俊見狀，用口型無聲地指示朋友，悄悄換成免提通話模式。那些陳詞激昂的辱罵說話，洩洪一般從揚聲器中傾瀉下來。

那段通話時間，家俊不知道自己是怎麼忍住不張聲的。從聽到第一句起，他就很想駁斥對方的胡說八道，但是他硬硬咬住了牙關，聽完了整段通話，忍下了衝動。

隔著電話對罵有何意思？他忍。明天到了學校，他要面對面的開戰！

拳　頭

小息鈴聲響起，同學們如常按著校規一一離開班房往操場去，而家俊緊盯著的目標人物，也從座位上站了起來。

「站住！」趕在他走出班房前，家俊喊住了他。「昨日你是怎麼講我的？」

想起之前的種種恩怨，家俊語帶不善，而對方也被惹出火氣來。「我說過甚麼？你倒是說說看啊？」伴隨著衝撞的火氣，肢體上的碰撞也衝擊著家俊。這不懷好意的推撞，讓家俊再也容忍不了。

盛怒的拳頭，帶著年少氣盛的焦躁，打落在同學的臉上。

失重的軀體向後跌去，壓向其後的桌椅，又如同骨牌一般牽連出翻騰的波浪。桌椅掀倒了一片，那鐵與木之間的撞擊，帶來連串震耳巨響，在空曠的課室間迴盪。

然而當下，逞了一時之快的少年沒看見日後的風浪，他瞥了一眼對方跌坐在地上的身影，感覺吐掉一口怨氣，解決了一樁恩怨。家俊精神爽利地離開教室，回來之時，已不見了那個令他不快的源頭。課堂間，關於那人的私語聲四處響起——

「你們見過他嗎……剛剛不是還在……」

「不見了……」

「好像受傷了啊……」

「聽説去了醫院呢……説要驗傷……」

大量的耳語很快又失去關心，轉移話題，教室再度回到日常的吵鬧中。消失的同學，轉眼已被遺忘；那場無人見證的衝突，彷彿也一併消失在中止的討論中。但發生過的事，確實是發生了。那一拳，摧毀過桌椅的序列，打碎過教室的安寧。也掀起日後的風浪，撼動了一個小家庭。

PROJECT R 守望計劃
被捕青少年支援服務

分隔

每一次上大陸去，家俊媽媽總是緊張不已。但從來沒有試過一次旅程，比這一趟更驚心動魄。

那個午後，她的手機接獲一通陌生號碼的來電——

「家俊的家長是嗎？」

「是的，我是。」

「請你立即過來警署。」

警署？警署！媽媽的心立時慌亂如麻。兒子好好的怎麼會在警署？

過關以前自己還在家中和睡到日上三竿的兒子道別，怎會過關以後兒子就被捕了呢？抱著也許是詐騙集團的希望，她撥出電話聯絡兒子。然而，無論撥出多少通電話，回應她的，只有機械式的「你已被接駁到……」

媽媽愈來愈慌，心底發涼，渾身卻緊張得冒汗。兒子真的出事了嗎？不行，她要回去！無論發生甚麼事，她要親眼看見他才放心！

她趕往關口，手往口袋一摸，準備翻出銀包的證件，急切地想要加快通關回港的速度。是的，所以她要先找出證件，她要掏出銀包……銀包？銀包在哪裡呢？

慌亂的找了一頓，她難以置信，原應在口袋裡的銀包消失得無影無蹤！怎麼可能？她記得的，銀包就在口袋裡，接電話之前她還摸到的……難道……難道是接電話時銀包從口袋中掉了出來？還是被扒手偷走了？那她該怎麼過關？怎麼回港？怎麼去見兒子？

一時之間，她感覺大腦一片空白。各種慌張、不安、恐懼、無助、委屈、心酸、緊張、擔心、焦躁、混亂把她籠罩，取代了思考。

那一晚，母子二人分隔兩地，同時遭困，徹夜煎熬。

誤　會

媽媽曾想過，即使沒了證件，她不管是偷渡還是闖關也要回港保住兒子。幸而，最後她無須走到這一步。雖然她為了取回證件，付出了金錢，折騰了一夜一日，但為了兒子，這些都算不上甚麼，沒有甚麼比兒子的平安更為重要。

這就是為母的心腸。可惜，為人子女最易犯上的毛病便是：看不見父母的這顆心。

「你的媽媽怎麼還沒來？」被捕次日，家俊和警方還是沒能等到媽媽，各種猜疑的聲音開始發酵——

「怎麼到現在還不來擔保呢？」

「是不是故意不來的？」

「為了讓你討個教訓、受點懲罰吧？」

家俊想起平日媽媽和其他親人罵他的話，心裡也就相信了。是吧？他們平常不也是這樣批評他的嗎？不是對他很不滿嗎？所以這次出了事就不來警局吧？這個懲罰……可真大啊！

在母親拼命想要趕到兒子面前的同一時刻，兒子看見的，是她始終沒有現身的狠心。強烈的背信感與委屈侵襲少年，他苦澀地咬緊了牙。

另一邊廂，見不到家俊的媽媽，整顆心懸在半空。無法親眼看見兒子，帶來太多的想像空間，擠滿了母親憂慮的心。她的命根還好嗎？她真的害怕極了。

母親與兒子分開的距離，會讓憂心膨脹；兒子與母親阻隔的時刻，使誤會有機可乘。

直至夜深，她的小主人終於回家。媽媽激動得想要抱緊兒子，但隨即，熱切的腳步凍住了。家俊黑起了臉，不發一言就往房間衝去，使勁摔上房門。留給家人的，只有眼神中傳達出來的惱怒與憤恨。

那個眼神，如同數十利刃，狠狠剜痛了她的心。

社工的話

**憤怒和冷漠的背後，
埋藏著一個受驚和渴望關懷的年青人。**

曙 光

不曾經歷過的人，恐怕難以感受到獨自一人撫養兒子長大是多麼困難、多麼無助。丈夫過身以來，本應相互扶持前行的路，變成一人踽踽獨行。多少艱難，她都嚐過了，這次兒子出事，她又再次體會自己獨力難支的痛楚。

兒子確實有錯，可是作為親人，她到底該怎麼做，對他才是最好的呢？她願意傾盡一切所有去保護兒子，但當她望著自己雙手，竟不知道可以做些甚麼。她不懂司法制度、不曉得審訊流程、更不清楚自己的孩子將會有何命運。她發現自己的力量太微小了。

別人都說世界是光明的，她也想要為兒子爭取一片光明，可是她的四周，怎麼只有黑暗呢？她想要讓他走在明亮寬敞的道路上，沒有跌撞，沒有迷失。但是，若她也只看見黑暗，若她都看不見當走的路，如何把兒子引向光明呢？

望著在房中安睡的兒子，這片刻的安心帶著茫然的未知。

靜寂的家中，響起了來電鈴聲的跳躍。生怕吵醒兒子，媽媽很快就接起了那電話。那是她第一次，聽見那把溫和的聲音。

媽媽這才曉得家俊在警署曾簽下一紙轉介同意書，接受「守望計劃」的服務。陌生的服務名稱，起初讓她感到迷惑，但通話中傳達了一個重要的訊息：有人願意幫助她的兒子！有人要在這個茫然的時期協助他們！

如同風浪中瞥見的燈塔，她抓緊這個訊息。密雲之間，初現曙光。

磨擦

自那天起，社工吳sir每隔一段時間就會上來家訪。有時候，還真的會被家俊母子二人的相處模式嚇倒。像是兩枚炸彈在狹窄的小空間中碰撞衝擊，你的花火會點燃我、我的火藥又會引爆你，彼此間一點星星之火已足以釀成大爆炸，最終兩敗俱傷。

PROJECT R 守望計劃
被捕青少年支援服務

這一日的家訪，正好來到用飯時間，母子倆你來我往的唇舌之爭，很快又變成世界大戰。吳sir不禁想起家俊曾和自己分享的經驗，在這個家中，曾出現過多少次危機……

他曉得，媽媽曾在大吵一場後走進廚房，然後順手一抽，取出了架子上的菜刀。在那光可鑑人的刀面上，冷冽地映照著他倆的火花四濺；他也記得，家俊如何在憤怒中，擲出了行李箱，把家中新置的電視撞壞，也讓自己母親的怒氣更盛。吳sir觀察著二人的動靜，最終決定先把他們分開，讓他們各自把情緒冷靜下來。

「我有多辛苦他根本不知道！」

「你不讓他知道的話，他自然是無法得知的。」從之前的一些對話中，社工發現媽媽出於對兒子的保護，幾乎很多生活上的困難都是獨自承擔。但另一方面，兒子的不理解又使她感到難過，讓母親在每一次處境中加倍難受。

「其實你們心裡的出發點是好的，只是大家在表達上容易擦槍走火，常常因為一兩句話就起了很大衝突，但火花爆過以後很快又相安無事。」

母與子，其實骨子裡都關愛著對方，血液當中的連繫明明是那麼的密不可分，但表現在肢體與言語上時，往往卻會被情緒左右。日復日、年復年的爭吵聲中，彼此都累了。

其實，家人之間，可以不是只有一種聲音。

判　決

為了家俊，媽媽遍求各路神佛。只要能救兒子免受牢獄之災，她願意付上任何代價。但在法律面前，有些判決不被動搖。

上庭那一天，吳sir陪著媽媽到法庭去了。在這場煎熬中，支持這對母子面對他們不熟悉的司法制度，陪伴他們走過這條不容易的路。

終於，法官宣判了。那遙遠的聲音冷靜地說著：還——押——懲——教——署。那判決中一長串的咬文嚼字她聽不明白也不想明白，情緒翻攪她的思緒，攻擊她的心思。她只知道，兒子要被帶走了！

顫抖的雙腳被抽走所有力氣，媽媽跌坐在法院中，她再也無力支持自己。眼淚模糊了她的視線，讓她看不清兒子被帶下法庭的模樣。顫慄不停的雙手，既想抹去眼淚好好看清自己的心頭肉，又想遮掩一切視線，不忍看見兒子被拘禁的畫面。

失去血色的嘴唇，在空曠的法庭中，發出微弱的哀號，那是一個母親痛徹心扉的呼喊。

這一切，太痛了。

比起往日在言語上插來的刀劍，原來連這一切都失去才是最殘酷的極刑。與子女分離，是對母親最大的折磨。

雖然是難以接受，但事實歸於事實，寶貝兒子還是要和自己分離，失去精神支柱的母親堅持每天長途跋涉前往探望家俊，為的就是要表達內心對家俊的掛念和支持。雖然見面時間只有短短

15分鐘，但這寶貴的15分鐘，足以支持母親捱過那舟車勞動的折騰。兩個星期的還押說長不長，說短不短，終於家俊獲判感化令，可以回到家中與媽媽生活。然而，生活難道就此重回舊調，母子二人又繼續過著唇槍舌劍的日子？

學習

溫暖的房間中，家長圍成一圈坐著參加家長小組。每一個走過同樣經歷的家長，專心致志地聽著社工的說話及就著自己家中的困難分享。他們全部都希望盡最大能力，去學習怎樣與子女相處。

從前他們都不懂怎樣與摯愛溝通與管教，失去這一環的親子關係帶給他們極大苦果。只要能將一時失足的子女挽回過來，他們願意重新去學習。每一節的家長小組，對這群家長來說都是極寶貴的。

家俊的媽媽每次都會提早來到中心，豎起耳朵仔細去聽，巴不得自己可以像海綿一樣把社工分享的每一句話一字不漏地吸收下去。原來，自己的情緒會在不知不覺間影響到兒子啊！原來，自己的行為模式亦會影響到兒子啊！一個巴掌拍不響，家俊小時候並不會這樣頑逆衝撞，他這幾年的表現，何嘗不是反映出自己對他呈現出來的樣貌呢？某程度上也是自己的表現影響到他，才會讓他們的母子關係愈來愈僵……

但是，假若她停留在自怨自艾中，事情也不會有任何變化。相反地，因著她在兒子身上有影響力，在壞影響以外也可以帶來好影響的。是的，身為媽媽的她決定要改變自己。

另一邊廂，家俊也發現了母親的苦心與眼淚。吳sir的每一句話，他聽在心裡。是的，他應該要學會諒解媽媽，以往他看不見的東西太多太多了，但現在，他的眼睛睜開了。

有些改變，是很難不去察覺的。其中一種，自然是這個家中的聲音。過往熟悉到即使在夢裡都會聽見的拍門聲與怒罵開始成為回憶。媽媽說話的聲音改變了，那日漸變得柔軟的句子，是她為了自己付出的愛。而家俊自己，也學會改變了。

「兒子啊，來吃飯了。」

「好，來了！」

原來即使經歷了多少黑暗與轉折，只要肯嘗試作出改變，心裡真正的聲音，是可以傳遞出來的。

社工的話

一直欣賞家俊媽媽對兒子的關懷和付出，由案件調查至審訊，她一直事事上心。更欣賞她願意為兒子學習，改變以往十多年的溝通模式。而事件亦令家俊感受到家人的重要，一切也非必然。家俊回家後更珍惜與母親的關係，開始學習控制自己的情緒和想法。二人共同努力最終為母子關係帶來新景象。關係，從來也要靠相雙方努力才能改善。當一方有改變時，另一方感受到，自然會有相應改變。

姓名：

浩華(化名)

年齡：

23歲

打開倉庫——性罪行

干犯罪行：

有違公德罪

案件簡述：

案主偷拍女士的裙底照，被途人發現報警，案主被捕並接受「守望計劃」服務

PROJECT R 守望計劃
被捕青少年支援服務

浩華聽過很多稱讚的話，他是別人口中的模範生、乖兒子，他是社會大眾價值觀中，形象最正面不過的健康年青人。

在別人眼中，他把每一日都過得很充實。用功讀書，認真做事，家人關係和諧，順利考上大學……從外人看來，這個年青人的生活好像十分美好、順遂無憂，半點挫折也沒有。

他們總説他會讀書、成績好，卻看不見他在過程中付出比別人更多的努力。實際上，他總是要求自己，每一日的時間都要仔細規劃好——甚麼時間讀書、甚麼時間充實自己、甚麼時間運動、甚麼時間與朋友見面……每分每秒都要安排好，沒有例外，他不容讓自己有機會鬆懈過日子。但是他的生活，真的很美好嗎？

不，他不好，一點也不好。

這句話總是盤旋在他的心裡，最深最幽暗的那個地方。他哀號、他難受，但是又如何？他要把這句心聲綑綁壓在無人知曉的地方，不可以洩露一點點聲色，因為他生活中的秘密，被掩埋在內心最深處的秘密，是不可以讓人知道的。

別人眼中的他很好，然而，在無人進入的地方，只有他自己才知道裡面的黑暗。

他真的很不好，一點也不好。

秘　密

秘密的誕生，是在他只有六七歲的時候。那個稚幼的孩子，像每個小孩一樣，放學就回家看他們心愛的卡通片。但那一個尋常的午後，浩華經歷了不尋常的衝擊——那些穿著暴露的角色，刺激了孩子的視覺與想像，讓早熟的身體起了生理反應。對一個孩子來說，這是多麼困惑與不安。誇張失實卻刺激觀眾的畫面，不只搶奪他的視線，更霸佔他的心思、掌控他的身體。

毒鉤就是這樣運作的，它從靈魂之窗緩緩放下，鉤住了孩子的生命，從此成為枷鎖，吸引他觀看更多。

在孩子蒙昧的眼中，隱隱覺得觀看這些畫面是沾滿罪惡與羞恥的，但內向的性格，使他選擇了將這經歷變成個人的秘密，沒對任何人說起。他不敢讓別人知道自己被這些畫面吸引住，不敢說壓力愈大的時候愈容易沉迷，不敢說自己有多苦惱多困擾……

說出來的話，別人會怎麼想他？一定會覺得他很醜陋吧！這個世界一定不會接納沉迷於這一切的他，所以，他告訴自己：不可以讓別人知道這個秘密。

每個人的心裡都有一個倉庫，收起不想讓人知道的秘密。浩華打開倉庫，把這件小秘密投擲進去，然後急急鎖起，深怕任何人看見門後的東西。羞恥感關上了心裡的門，他以為是關起了秘密，卻把自己也關進去了。應該受助的孩子，關起了內心的呼救，徒讓一切壓力在裡面不斷累積。

最終，催化出破壞性的行為來。

社工的話

自己心裡的倉庫，自己亦需要好好管理，有需要的時候，打開它，讓倉庫多點空間，多點讓自己有喘息的機會！

毒鉤

自初次出現生理反應的那天起，浩華不自覺的被這些畫面吸引，並渴求更多。

就像是一碗添加了大量味精的湯，香味誘人，吸引著原先不覺口渴的食客。當你開始品嚐那湯，液體中的味精開始產生作用，讓身體變得乾渴，於是食客再次捧碗喝湯。你以為自己灌下湯液的動作是在解渴，但實際上，那更多投放在身體內的化學品，只會令你更渴更不滿足。

這就是所謂的慾望，一些勾引人去追求更多的虛假滿足感，欺騙你飲鴆止渴。

浩華看過一些資料，曉得這些影片不論是對自己身體、或是對身邊人都有壞影響，他想要改變，也曾試過有一段時間，戒絕了惡習，讓自己集中心力在學業上。

為了他所重視的成績，他拼命去學習，但是，好成績並非必然。即使他付出了用心與努力，結果也不一定盡如人意。當考試失利、成績差強人意時，浩華想起自己付出過的努力，想起曾經想像過的好結果，與眼前的落差顯出強烈對比，他所經歷的失望與挫折也就更大了。

但命運彷彿認為一個打擊不太夠，第二個打擊也緊接著來了。浩華在實習的崗位上表現未如理想。過往他自問用心學習，但所學的在工作任務上竟然無法應用，加上自己反應不快，當問題來到時往往不懂即時處理，浩華對自己的表現不滿極了。

那重重挫折與壓力令人煩躁，每天醒來，負面情緒與煩惱就開始在腦內聚集，擠迫他的思緒。內向的浩華，沒有傾訴對象，心中的愁苦沒有出口，不斷地在自己的世界裡深化。他實在不懂處理，只是急切的盼望逃離這一切。

那些沉睡的壞習慣被負能量喚醒，開始對他發出訊息，他想起曾看過的各種畫面，還有曾經充斥他的思想與行為，他想起了曾經逃避過的這一切。急需出口的浩華，終於還是選擇了錯誤的抒壓方式。他開始沉迷情色影片，從單純刺激感官的動作畫面到帶有劇情的模擬犯罪片段，他所吸收的，愈發愈多。

毒鉤又再鉤住了他。

犯　罪

閉上眼睛，你會看見甚麼？每日沉溺打機的人，合上眼時，會清晰的看見遊戲畫面；若是游了一天的水，晚上睡覺時，還能真實的感覺到水中的浮沉；而浩華，眼前好像總是充滿了那些影片中的畫面。

慢慢地，虛擬視像與現實生活，開始重疊了。

那一天，陽光明媚，他的心情也分外晴朗，因為他收到通知，自己獲得一個工作機會。沒有甚麼比起能力被肯定更令人滿足了，在這樣的日子，他決定要好好慶祝，出門給自己買些東西。

午後的陽光暖得讓人感到懶洋洋，他的身心都十分放鬆，踩著隨性的步伐，走過了自家屋苑的公園。公園旁邊，是那條跟屋苑一樣老舊的扶手電梯。這畫面，他已經看過無數次，是他記憶

中的老照片。但是這一天，老照片中走進了一個妙齡少女，忽然就變成了鮮活的影片。

穿著短裙的女孩、長長的扶手電梯、幽靜無人的午後……是他前兩天看過的那個影片。他突然像是走進了自己看過的影片中。畫面中的那個人，一步一步，緊緊跟貼著女孩的腳步，然後掏出手機，探到裙子的下方，按下攝錄鍵，讀秒開始……

當浩華回過神時，他的手已經按在攝錄鍵上，做了和影片角色一樣的行為。但與劇情不同的是，他的偷拍並沒有那麼成功。

「你在做甚麼？」

女孩回過頭，看著他。在她的眼神中，浩華回答不出半句話。

是啊……他在做甚麼？他到底在做甚麼？

回家

那個最痛苦的時刻，一家的人都剛好在家。

看見押著浩華上門搜證的警察，父母和弟弟都呆住了。在他們的認知中，實在沒法將一直行事規矩的浩華與眼前這畫面扣在一起。這強烈的違和感，令他們失去思考能力。

浩華顫抖著，慢慢走到父母面前。當接觸到家人的目光，慚愧與羞恥奪去了膝蓋的力量，他跪在地上，深感自己已經失去站在家人面前的力氣與顏面。

「爸，媽，對不起……我沒有資格作這個家的人……」那一刻，壓抑不住的眼淚終於奪眶而出。

面紗被揭起，他的秘密終於曝光在人前。

在兒子從警局擔保回家後，浩華的父母與他談了一個晚上。媽媽起初怎麼想也不明白，自己的兒子怎麼做出偷拍這樣的事？她不相信，也不願相信。直到浩華坦誠一切，她才發現兒子自小隱藏起來的不良習慣，而這習慣又是怎樣影響到兒子。

浩華愧疚得無法直視父母，他想到自己所作的怎樣丟盡家門顏面，怎樣破壞父母名聲，又是怎樣辜負了家人對他的期望……想到這些，他就恨不得從家人面前消失。如此不堪的自己，怎麼配做這個家的成員？

「傻兒子……」父母的眼淚，沒比浩華所流的少。「我們始終是一家人，只要你不再重犯，我們一定會支持你的……」

支持……他從沒想過，自己這般不配，竟然還得到支持！這個家，仍然在支持著他，接納著他。

這個家，仍然是他的家。

社工的話

「家」就像是一盞燈，好好的照耀著，默默的支持著，永遠的鼓勵著。

PROJECT R 守望計劃
被捕青少年支援服務

轉　介

「轉介？」

「是的，如果看了沒問題就簽同意書吧！之後社工會聯絡你的。」

浩華是曉得的，自己所犯的事不同普通的傷人、打劫，這個社會對風化案的目光尤其嚴苛，特別真不敢想像女性的目光會是如何的厭惡。正因如此，前往警局轉擔保時，他真的很希望沒人看見、沒人發現。

積壓的壓力曾在那個向父母坦承的晚上隨著眼淚抒發出來，可在來到警局後，那些批判與壓力又再度向他撲來。

只是浩華真的從沒想過，警察除了逮捕罪犯，竟然還會提供這種轉介服務。他接觸過社工，以前當義工的時候，記憶中的社工都留下了好印象。他想，這次的轉介，似乎是幫助自己的。像他這樣犯了錯的人，竟然還能得到協助？他抓緊手中的同意書，想要抓住這樣的機會。

次日，電話來了。電話中的女聲，讓他感到意外。跟進他的，偏偏是位姑娘而非阿sir。有那麼一瞬間，他又緊張起來，猜想著對方的態度與看法，如果她知道了會怎麼想呢……

而後，他很快就鬆了一口氣，因為社工已知道他被捕一事。是啊，既然對方已經知道，他也沒有甚麼好掩藏的吧！浩華開始發現，自己長久以來積壓的心事，有了可以傾訴的地方。

黑暗的倉庫好像被人打開了，門不再緊鎖，光也不再被隔絕。

在最幽暗的地方，終於不再只有他一個人。

「浩華，你想要當義工嗎？」

他幾乎是立即就答應了，因為他打從心底裡希望自己可以做點甚麼。他犯過錯，對社會有所損害，如今可以從破壞者變為貢獻者，是多麼難得的機會啊！

哪怕只是一點點綿薄之力，他也想要為這個社會付出，盡他所能，彌補自己所犯過的錯。

機　會

在義工活動裡，自己竟被安排當組長，這個意料之外的安排，讓浩華暗暗感動在心。原來，犯過錯的人還是可以得到信任；原來，自己還能得到機會，還可以有所表現。對這些機會，他珍而重之。

社工們一直在觀察這個年青人，他像一棵樹，實幹而穩重，但最難能可貴的，是他裡面那顆想要改變的心。因為深切的明白到自己的行為有所不妥，所以他願意嘗試去改變，並且十分用心的想去改變。

「以後不要再犯，這樣你也還有機會的。」警察對他說的這句鼓勵，他一直銘記在心。他不停對自己說：以後絕對不要再犯，這樣還是會有機會的。他是這樣相信的。

幾乎在每一天，浩華都會想起這件事。每一日，他都會深切地反省一遍又遍。他會想：自己有哪裡做得不對？哪裡需要改善？

有甚麼不好的行為與思想需要驅除？

去思想自己醜陋的一面，其實對每個人來說都是難熬的。但多難熬他也不會停止這麼做。因為他曉得，他需要這樣做。很多東西都是長期積累起來所形成的，包括他在過往生活中那些惡性習慣。習慣的力量很大，驅使人一直做出同樣的事，但儘管如此，要改變也不是不可能的。

他以習慣對付習慣。日積月累的思維與惡習，他以每日不間斷的反省去攻破，一點一點的提醒自己，一點一點的去改變思維，一點一點的，加強善念的力量。

惡念雖然曾經勝過自己，掌控了思想與行為，但他還沒有輸透，他會改變的！

社工的話

願意改變，踏出第一步比留在原地需要更大的勇氣，每個人都有能力做到！

開門

每個人都會犯錯，但一刻的錯誤不應該與整個人劃上等號。人的價值，不應該只以行為定義。但社會大眾所看到的，只是片面，他們只看見自己以為就是全部的那一面。

批判、否定、拒絕、鄙視、不看好、不尊重、不關心、不接納……這就是作為風化案犯罪者所感受到的世界，一個充滿攻擊的殘酷世界。為了活下去，這些犯錯的人會把所有事深深埋藏，無論是事件、感受、想法，一切一切，他們都不想讓人知道。

長期的沉默，密封的倉庫，永沒有出口的孤獨與壓力。最終，往往就是在默然無聲中，又犯下了同樣的錯。

何其幸運，浩華心裡的倉庫被打開了。他十分看重社工們給予他的分享平台。每一次分享感受，就如同打開了內心的門，讓光照進去。他像每個年青人，十分在乎別人怎麼看自己，他不敢輕易講出自己的黑暗面，一來給別人的印象不好，二來又怕對方會對自己產生負面想法。

他太害怕了，膽怯得只想把自己躲藏起來，但在心底裡，卻又和其他孩子一樣，渴望別人樂意聆聽自己的想法。

所以，自始至終，社工的聆聽是他最感恩的。

分享，無論對潛在罪犯，還是預防重犯都是很有幫助的。浩華很希望，及早讓這些封閉自己的年青人知道，社會上還有人願意聽他們的想法，願意協助他們的。抒發過後，他們便不再感覺自己需要做些甚麼來宣洩，不需要走上像他走過的路，不需要等

到一發不可收拾時才後悔。

有些罪惡，是可以預防的，社會可以做的，遠比想像中的多很多。

有時，社會所缺乏的，可能就是一雙聆聽的耳朵。多走出一步，讓更多的暗不見光的倉庫，可以照進溫暖的光。最深處的黑暗，往往就是最需要光的地方。

社工的話

耳朵打開了，眼睛張開了，看到的世界亦不同了。

PROJECT R 守望計劃
被捕青少年支援服務

醫治的機會——
精神健康與犯案

姓名：

寶榮(化名)

年齡：

13歲

干犯罪行：

猥褻侵犯罪(非禮)

案件簡述：

個案於校內與女同學嬉戲及觸碰到女同學的身體，女同學家長報警求助，他因干犯猥褻侵犯罪被捕。個案及母親同時接受「守望計劃」精神科評估及治療服務

PROJECT R 守望計劃
被捕青少年支援服務

這些年來，不同老師向寶榮媽媽投訴的話一一在耳邊響起。

他們總説：「寶榮學習不認真，無法乖乖上完一堂課」；他們總説：「寶榮總是在座位上製造噪音，影響其他同學」；他們總説：「寶榮不只上課不專心，還一直破壞班上的秩序」；他們總説……

一個個老師的證言，一次次騷動的事蹟，以及成績表操行欄上刺目的「E」級，讓她不得不相信兒子在班上的表現有多滋擾。

有一段時間，一種病症的討論熱潮風行於香港社會上，無論在電視上、報紙上，專業人士與普羅市民口中，關注點都是那個似懂非懂的四個字母——AD / HD（Attention Deficit / Hyperactivity Disorder）。寶榮的媽媽，就是在這情況下認識過度活躍症的，當初聽見病徵描述，感覺似乎是找到了一切亂序行為的解答。

若這一切不是因為患病所致，那豈不是證明了自己的兒子確實是存心破壞秩序的壞學生嗎？自己也曾經頑劣過、任性過，但兒子在她眼中是乖巧而善良的，怎會是故意的呢？但若不是故意搗亂，孩子的這些行為又該如何解釋？這一切，似乎沒有解釋。

遊　戲

孩子長大了，在班上，他仍是那個讓老師大為頭痛的存在。

老師口中所講的，他已經懂了，可是老師還是接著在説明，沒完沒了的，一直在説明。寶榮耗盡了耐心，丟失了專注，不自覺的，在這沉悶的班房中尋找新的注目點。

「嗒嗒嗒嗒嗒嗒嗒嗒嗒……」手上的筆奪去了他的關注，他開始著迷於折騰那枝小巧的筆，讓整個班房開始被細密的小噪音充盈。老師皺了皺眉，呵斥了他，讓寶榮不得不放下手上的筆。

課室再度回歸只剩下老師講解的單一聲線中，直到那個無法專心上課的孩子找到新的樂趣，直到班房的規矩再次被撥亂。

寶榮並不明白，他自己的行為會給別人帶來滋擾。他不清楚自己在別人心裡，成了怎麼樣的形象；也不清楚，為何有些同學開始對他一臉冷淡。他很單純，只是希望找到趣味，希望和同學們一起玩。

那一陣子，同學們流行起新的遊戲。每所學校每個班級好像都會有一些只有他們才懂的小遊戲，給他們的學生時代留下幼稚卻有趣的快樂記憶。他們長大以後，甚至說不出當時為甚麼會玩起這些無聊的小遊戲，可是在當時那個班房中，這就是大家都一同熱衷的，是孩子們的共同語言。

那時流行起來的新遊戲，是相互拍打對方，像打招呼一樣，你來我往。很快的，寶榮也學會了這個新遊戲，並且主動撩撥別的同學，想和大家一起玩。

一起玩吧！他心裡是這純粹的渴望，只可惜，別人無法也如此單純的接受到這個訊息。錯誤與誤會，大概也是這麼產生的。

PROJECT R 守望計劃
被捕青少年支援服務

犯錯

得知寶榮被捕時，家族上下都陷入了慌亂與後悔。

寶榮從小深得每個長輩的歡心，特別是媽媽的姊妹，他幾乎是被這些阿姨摸著抱著疼愛著長大的。在他們家族中，幾乎全是女人，肢體接觸是最平常不過的相處模式，是招呼、是對話，每次見面他們總會一把攬過這孩子，而孩子也極喜歡碰觸親人。他就像大觀園中的賈寶玉，成長路上沾滿女人香。

是啊，對寶榮來說，這種親密碰觸是多麼自然。牙牙學語時，他就學會了這種肢體語言。親人們從沒教過他甚麼是男女授受不親，在這樣的成長環境中，他怎會了解男女有別？

這個孩子，竟然將這樣的親密接觸也用在女同學身上。

在寶榮眼中，他玩的和其他同學玩的並沒有不同，也是你戳我我戳你，你拍我我拍你，在他碰到對方私人部位前，也是那女孩先碰到他的私人部位的。但媽媽心裡想的是：無論他的感覺多無辜，一個男孩子毫無顧忌地碰觸女孩的身體，這事實本身已是一個問題。這孩子需要被教育，需要吃個教訓。

作為母親，縱然心痛兒子，也希望他得到警惕。如果不是這次事件制止了他用這錯誤的方式與女性相處，孩子將來會不會玩得更瘋更亂來呢？

在出大錯以先，必須讓孩子看見那條不可逾越的界線。

失　眠

無眠的時候，夜晚總是特別漫長。安靜的時候，情感總是格外囂張。

原來，要一個人面對一切，是真的不容易。

一年前，寶榮的媽媽把有外遇的丈夫趕出家門，那時候，這個家的第二個小兒子還不滿一歲。她對這個決定並不後悔，只是，對方離開以後出現的空位是確實存在的。早前經驗過的煎熬彷彿還沒結束，她記得那畫面：雙手攬著昏昏欲睡的小兒子，兩眼望著落口供的大兒子，而她作為母親，竟然沒有可以幫助他的事。最無奈的是，身邊連一個可以一同承擔這一切的人也沒有。

她想起自己的父親，一個一直支持著女兒、疼愛著孫子的慈愛長者，因為一場癌症，短短幾個月已離開了他所深愛的家人。如果寶榮的公公還在，他應該會和她一起坐在警局裡吧……

她的肩膀，已經很累了。

「媽，你怎麼又不睡啊？」寶榮醒了，孩子氣的眼睛裡，不知不覺也沾染了成人世界才該有的愁煩，但他不知道，媽媽不是不想睡，而是無法睡。那種普通人生活中的理所當然，這一年間變得像攀山涉水一樣困難。

母子倆共享了這個無眠的夜晚。深夜的幽靜彷彿有種魔力，那些白日講不清、理不明的心事，慢慢變得透明，浮現，湧到嘴唇邊。

「媽，你知不知道我其實不開心啊？」眼淚靜靜劃過孩子的臉

頰，他鼓起勇氣吐露心裡的苦澀。「我真的很不開心，因為疼惜我的公公不在了，你和爸爸的分開也是因為我⋯⋯如果當日不是因為我聽到爸爸講電話的內容，你也不會揭發他。一切都是因為我⋯⋯」

在兒子的哽咽聲中，媽媽初次聽見這番心事。她並不知道，平日總是安慰她讓她忘記丈夫的兒子，竟然心裡也是如此難過。更傻的是，他把父母分開的責任暗暗扛了下來，內疚了這麼這麼久。這個傻孩子啊⋯⋯

這些變故來得太突然，他們都還在適應中。這段時間，媽媽非常痛苦，但兒子又何嘗不是呢？

社工的話

寶榮與媽媽一直承受著家庭的巨變以及寶榮公公離世所帶來的痛苦和壓力，兩母子一直不敢將心裡的感覺講出來，埋藏心底的計時炸彈隨時一觸即發。

幫　助

初次見面的時候，李姑娘察覺到了：這個家庭需要多一個專業層面的協助。

那時候，寶榮的媽媽已經被各種情緒逼到盡頭，持續的失眠虛耗她的精神，擔憂與哀愁折磨她的思緒。她卸下平日在兒子面前武裝的堅強，眼淚好像怎麼樣也掉不完。

她把甚麼都說出來了，家庭的特殊環境、孩子的學習問題、親人離世、夫婦離異⋯⋯她把孩子所面對的各種困難都分享出來了，因為她知道，唯有把這一切都講出來，才有機會幫助寶榮。

自從聽見兒子開口講述自己的不開心，她便內疚不已。以往只想到自己有多痛苦，卻沒想到自己所經歷的，兒子也在面對。她沒有、也無法兼顧到兒子的情緒，是自己在照顧兒子上有所虧欠⋯⋯想到這裡，眼淚又開始湧出，連同沉重的苦澀，一一墜落。

李姑娘發現，這兩母子好像都不曉得自己所承受的已造成多大影響，不曉得自己的精神狀態與情緒困擾已是極不健康，不曉得自己需要協助。既然如此，就讓他們來多做一點吧！

在與兩人商討後，李姑娘聯絡了與機構合作多年的精神科醫生，張醫生在數天內就為寶榮母子安排了時間作專業評估，希望可盡早讓他倆接受專業的診斷與治療。

另一方面，李姑娘也向他們提供一切可行的協助，無論是正向活動還是輔導時間，希望不只是協助家庭渡過這段時間的難關，也讓他們有力量去走前面的路。

意料之外的方向，在寶榮媽媽面前敞開。曾經有人質疑她，質疑一個單親媽媽能否把兩個孩子照顧好，還說她若是照顧不了，可以在轉介社工跟進時，讓他們把兒子送走。這句說話嚇怕了婦人，她害怕真的要和兒子分開，戒慎不已，甚至因為各種猜想而不想讓社工插手。

但兩個多小時下來，她開始慢慢了解社工的工作，心防漸漸放鬆。這個擔憂不已的媽媽也終於相信：也許，社工真的會成為

他們家庭的幫助。

那麼，他們就試試接受幫助，與社工一同走前面的路吧！

社工的話

與寶榮及媽媽第一次會面接近用了三小時，算是一個比較沉重的面談。過程中，二人毫不保留的將過往經歷與我分享。經驗告訴我，除了要協助寶榮理性面對被控的事件外，亦需要為他們結連至其他支援系統，為他們安排心理及精神科評估屬當務之急。

醫治

經診斷，寶榮的媽媽確診為抑鬱症患者，張醫生隨即開始為她安排治療，透過「守望計劃」的醫療資助，她可以在輪候到公立醫院前，在私家診所接受治療，讓她早日得到最適切的醫治。

但令人意外的是寶榮的情況。評估過後，他們發現寶榮竟然真的是AD / HD患者！

在「守望計劃」的支持下，兩母子同時獲得極寶貴的治療機會。在藥物治療及輔導服務相輔相成之下，寶榮的專注力有所改善，他的成績和操行都有所進步，他的操行分數從E上升至C，學習成績也攀升至班上的十名之內，進步顯著。

只是，兩母子的醫療資助金額，在不知不覺間已差不多用完。

「放心，我會幫他們安排政府醫院的排期，之後他們會得到公立醫院的醫療服務，那些費用是負擔得來的。而公立醫院診期未到之前，我仍會為他們看病的，你就繼續帶他們來吧！」

「可是，資助額已經用完了……」

「帶他們來吧！只要付藥費就好，我不收診金。」張醫生微微一聲，始終向李姑娘提醒同一句話：「記得要帶他們來啊！」

社工的話

跨專業協作是「守望計劃」的其中一個服務特色，寶榮的個案讓我對青少年犯罪行為與精神健康的關連性有進一步的理解，令我更堅定要為這些青少年爭取到位服務的信念。

故　事

等候裁決的時間並不好過，寶榮和媽媽都承受了不少壓力。七上八下的數過了一百二十多個日子，寶榮需要面對的結果終於來臨。

那一天，他們走進了懲教署。

為了提高青少年的守法意識，在李姑娘的安排下，寶榮和媽媽參加了參觀懲教署活動。

在那裡，寶榮遇上了昌耀，聽見他的故事——

曾幾何時，昌耀覺得自己身邊有很多好兄弟，無論何時何地，

他們都共同進退。那段日子，他們掛在大佬的名銜之下，更是威風不已，到哪裡去都覺得面上有光，走路有風。

後來，大佬讓他販毒。有錢可賺，何樂而不為呢？更何況大家都是這樣做的，昌耀並不覺得有何問題。然而，問題很快就找上他了。

他在一次買賣中被捕，毒品量大，大佬怕牽連太廣，讓他一人承擔下所有罪名。他還記得，那位他深深尊敬的大佬這樣說：進去以後，不用擔心，會有很多兄弟過來陪他的。是啊，他有很多好兄弟，怕甚麼？

兄弟之多，多到探監親友名額寫不完，他甚至沒有寫家人的名字，因為在他眼中，這班兄弟比親人還親。

於是他安心地待在獄中，等待那些兄弟來陪他。獄中生活苦悶，所以他特別盼望兄弟過來的日子，他有好多話要分享，也有好多事想問，天天盼著、等著……一個星期過去，一個月過去，一年也過去，說好要來陪伴他的人，始終沒出現。

他終於明白，「兄弟」是怎麼一回事。

「媽，我終於明白了。」結束探訪活動後，寶榮十分感觸。「原來那些平常和你玩的朋友，可能只是幻覺。那是一種對你好的幻覺，而不是真的對你好。就算是朋友，也不能別人叫我做甚麼就做甚麼呢……」

「媽，你放心，我不會做這樣的事，我不會讓自己進來這裡的。」

寶榮這次事件最後接受警司警誡，刑罰並不算嚴厲，但他卻上了寶貴的一課。

成　長

寶榮的媽媽很了解青少年的迷失是怎麼一回事，因為她也曾經迷失過，走過錯誤的道路。值得慶幸的是，她懂得抽身，離開壞朋友圈子，改變自己的思維，回歸正途。

只是，現今許多年青人似乎都缺乏了改過的勇氣。

她看見許多孩子，明明看見自己的問題所在，卻選擇逃避、否定，消極地拒絕面對，更遑論改變與成長了。

正因如此，她特別珍惜「守望計劃」裡的所有資源，因為她看見，這個計劃正正就是去幫助青少年積極面對問題。錯了又如何？既然社會上有這樣好的資源，為何不去認清錯誤，從中成長，建造一個美好的未來呢？他們今日所得著的，不只是治療的機會，也是改變的機會、成長的機會。

感恩的是，她可以在自己兒子身上看見這樣的成長。

每次參加活動回來後，寶榮好像都會變得更謙虛一些。品格不是容易塑造建立的，但是這個容易受人影響的孩子，確實在這些正向活動與正面群體中學到了好品格。自己費盡唇舌也講不聽的道理，一旦出於社工口中，這孩子竟然都聽進去了。

寶榮自己也非常熱愛機構的活動，因為在那裡，有很多明白他心聲的社工哥哥姐姐。每一次聊天，總能暢所欲言，他確實很喜歡這樣一群特別的「朋友」。他知道，這些是真正對他好的朋友。

也許將來，他也能作一個，這樣真正對人好的「朋友」吧！

教 訓

當對方的拳頭落在自己身上時，寶榮發現，自己竟然沒有生氣。

身體很自然的握緊了拳頭，可是腦袋裡卻出奇的冷靜。他知道，如果自己揮出拳頭，後果會有多嚴重。就算打贏了，就算討回尊嚴了，又如何？自己可能會被記過，對方可能會報警，報警以後呢？真的要為了一時意氣付出沉重代價嗎？要像昌耀那樣後悔一輩子嗎？

不，他不要。

他抬起手，握緊的拳頭，鬆開來。最終，他僅僅是推開了對方。「我不想被記過，你還是回座位去吧！」

從前他做事不計後果，但是現在，他看得見後果。吃過一次教訓，也許並非壞事。唯有當他學會了這個教訓，走這一遭，也是值得的。

輿論的中心，是箭靶。

成為眾矢之的，是否因為罪大惡極呢？若群眾的指頭向著你，若一顆接一顆的石頭打在你身上，是否就代表，那個罪人是自己呢？

為何沒有人看見，這些石頭的方向砸錯了呢？

社工的話

寶榮與媽媽共同度過了跌跌碰碰的日子，過程中充滿了喜、怒、哀與樂。寶榮學懂了如何以理性行事，媽媽亦學懂了情緒控制和更有效的管教方法。成長路上仍然荊棘滿途，兩母子仍然要互相扶持為生活注入希望的色彩。

姓名：

Jenny（化名）

年齡：

17歲

當石頭在天空飛——

科技罪行受害人

案件性質：

不誠實使用電腦

案件簡述：

案主曾拍下性感照，雖然從來沒有於網上公開，但有一天發現自己的性感照片於社交媒體上被公開，因而報警求助

PROJECT R 守望計劃
被捕青少年支援服務

對許多受害人來說，最漫長沒有邊際的痛苦往往不是來自犯人，而是那更可怕的——群眾壓力，它使人萬箭穿心。群眾對受害人的目光，有時比對加害人更為嚴苛、更為挑剔，也更為冷漠。也許是出於人們的八卦的心態，大家總是想要為各種悲劇找出原因。為甚麼會出事呢？是甚麼樣的人才會出事呢？你做了甚麼？是否因為做了甚麼招致不幸呢？你是否在哪裡做錯了呢？

為何錯的是受害人？為何被打量被評價的是受害一方？為何總要讓受害者交待悲劇的原因？為何總認為受害者犯了錯？

為何？

審問

「別說謊！」老師的語氣愈來愈兇悍強烈，眼神射出警告與壓迫，讓人感到陌生。「你要把真相說出來！如果你不講我們可幫不了你！」

一部手機緊捏在老師手上，那手機屏幕中，顯示了一個女孩的性感照片，而照片中的主角——Jenny，正坐在對面，臉上沒有任何表情。

當老師跟她說，有人在網上看見自己這張照片時，她的腦中一片空白，想不到事件是怎樣發生的。她曾在社交媒體上看見徵集這類照片的廣告，因為報酬吸引，因為一時貪玩，她試著拍了照。但一時貪念並沒有蒙蔽她的理智，她最終也沒有把照片發出去，甚至在手機中根本沒有保存起來。

是的，照片中的人是她，拍照的人也是她，但是，上載的人不可能是她自己啊！

她對這件事茫無頭緒。自己不打算讓人看見的私密照片竟然不知被何人取得且公開，這感覺就像被小偷闖空門大肆搜掠，但自己是最後一個發現的。不安與恐慌把她籠罩，她比任何人都更想知道犯人是誰，但此刻被審問的卻是自己。別人的犯罪證據，此刻像是指證自己的兇器，在老師的咄咄逼人下，向著她步步進逼。

那些反覆的質問，讓她的心冷了下來。啊，她忽然明白，原來老師不相信她啊！不相信她說的話，不相信她已坦承了所知的一切，不相信她甚麼也不知道，不相信她真的甚麼都沒有做……老師覺得她一定知道照片為何被人放在網上，可實際上，她確實是甚麼都不知道。

為何不相信她？為何被罵的人是她？

「你的表情可不讓我覺得你因為這件事而難過。」是的，她面無表情，但她一定要把內心的痛苦展現出來嗎？難道沒有表現出來就代表她沒有感覺嗎？她在乎得要死，痛苦得要死，但習慣埋藏心事的女孩，臉上的表情變得更僵硬了。

站在眼前的人，本來是她很喜歡的老師。誤會、質疑、責罵……弓箭若是從喜歡的人手上射出，原來會刺得更深，帶來了加倍的痛啊……

冷暖

終於結束了。

當一個人被留在冰冷的房間中等待時，Jenny覺得自己像是電影中的犯人。其實，受害人的待遇和犯人也是差不多吧？起碼空調吹送出來的溫度也是一樣的冷。

老師通知了爸爸和她一同到警署錄口供，這讓Jenny緊張極了。整個過程，爸爸的表情和平常一樣木然，除了結束後對她說一起去吃飯這句話外，沒有傳達出任何訊息。此刻他在想些甚麼呢？

她跟著爸爸往餐廳走去，手心冒出了冷汗。她並不在乎那些相片之後會怎麼樣，但爸爸會怎麼看這件事卻是她在乎得要命的。他坐在旁邊聽著她向警察講述事件這一點，比起錄口供本身更令她緊張。

雖然離開了警局，空氣中的溫度好像還是那麼冷。

「去吃飯吧。」

看著眼前的父親，Jenny真的不想讓他擔心自己，更不想讓他失望。從小到大，爸爸一人父兼母職養大自己，是她生命中最重要的人。她眼中看見的天空，是父親的肩膀撐起來的。在女孩的世界裡，父親的所言所行就是她的價值觀。今天，她的父親帶著她從警局裡走出來，她屏著氣息等待著，但父親始終沒有就她這件事說出半句話。

那一頓飯，是她十多年人生當中最嚴肅的一頓。平日在家人面前總是笑盈盈的Jenny，第一次笑不出來。

「今日的事，不代表你錯了。」

錯愕中，女孩抬起頭看著父親，確認自己聽清楚他所說的話。

「雖然你今日在這裡跌倒了，但不代表你真的錯。你要努力去面對。這可能是你人生中的第一個困難，但日後還有更多，你要去越過這些困難。」

寡言的父親從來不說廢話，知道女兒把話聽進去以來，又再回復沉默，安靜地吃飯。而女孩，也終於放下心頭大石。一句簡單的鼓勵，已足以帶給她無窮力量。Jenny聽得很清楚。她的父親說，不是她的錯。

冷壞了的女孩，溫暖起來。

社工的話

案主爸爸十分痛錫女兒，只是平日不善表達對她的愛，而且為了糊口而忙於工作，減少了相處時間。罪行的發生，對受害人造成傷痛，也同時傷害著爸爸，但在傷痛的背後，爸爸仍默默支持女兒。家人的諒解及支援，是對受害人的重要支持，也是協助他們面對困難不可或缺的要素。

樂觀

「對不起……」

出乎意料地，事件很快便水落石出，犯人原來是與Jenny的一個萍水相逢的朋友。那一天，他看見Jenny男友放下手機離開後，便用一些違法的技巧登入手機，把裡面所有資料抄走了。那張Jenny在刪除之前發給男友看看的照片，就在那批資料當中，並在數月以後，經由那個朋友的手，丟向了網絡空間，公諸於世。

明明無仇無怨，為甚麼要對她做這樣子的事呢？

Jenny不解。

「真的很對不起，如果我那天有帶電話不離身，就不會有這次這件事發生了……」

知道真相後，男友內疚不已。聽著電話中傳來他不斷道歉的聲音，反而讓Jenny緊張起來。原先還被情緒困擾住的她，只剩下一個念頭：不可以讓他把這一切當成是自己的責任！她要去鼓勵他！她抹去眼角泛出的淚花，吸了一口氣，調整聲音的高度，為自己安裝最樂觀的模式。

「傻瓜！有些事情要發生就一定會發生，你避免不了的啊！」

戴上了積極正面的面具，講起話來好像變得容易許多。慢慢地，男友好像也開始被這種積極感染了，放下了罪疚感，語調輕鬆起來。

聽見他的情緒有所轉變，Jenny鬆了一口氣，男友沒事的話她就放心了。在別人的情緒面前，她無法撒手不顧。如果他因為這次的事耿耿於懷，她也會耿耿於懷。他的壓力，最終也會成為自己的壓力。所以，他沒事就好了。至於自己……

笑容是給別人看的，眼淚就留給自己吧！

目 光

明明只是相隔數日，曾經熟悉得會在夢裡出現的學校，突然陌異得有如另一個空間。

那天之後，老師讓她回家休息，暫時都不需回去上學。但是作為學生留在家中愈久就愈不尋常，於是過沒兩天，她又再次換上了校服。她沒有看見，鏡子裡的女孩臉色有多憔悴。

勉強自己再「休息」數日，她終於得償所願，回到學校中。

老師替她安排好了，說她是因為與朋友吵架心情不好所以沒有回校，這樣大家就不會知道發生了甚麼事，不會用奇怪的目光看她。她可以假裝甚麼事都沒有發生，繼續過著原來的生活。

她不敢想像，若這件事被人知道了會怎麼樣。他們又會怎樣看她？他們又會說些甚麼？若大家聽見這些話，他們會怎麼想？爸爸會怎麼想？朋友又會怎麼想？不行，這件事愈少人知道愈好。

社工的話

傷害，不單止是犯事者引伸出來的，再一次的傷害，往往是來自別人的說話、回應、目光等，這使受害人再經歷一次傷痛的過程。

出口

事件發生以來，她的煩惱從沒停止過。

她常常在想，這事會不會令爸爸擔心？會不會令男友難受？會不會令老師失望？會不會讓同學知道？這些只屬於她的煩惱，也是她必須要面對的功課。既然事情已經發生了，還是要自己解決的。就像爸爸從小教導她的，摔倒了就要自己爬起來，別期望讓別人來幫忙。

所以一開始，她並不期望社工會帶給她幫助。

別人帶來的壓力，還有自己給自己的壓力，讓Jenny無法安睡，是以晚上睡沒幾個小時就醒來了。她以為自己處理得很好，但身體無聲地回應說：她不好，一點也不好。

每一天上學，對她來說也是一個挑戰。她可以敏鋭的察覺到，已經有人把這件事的消息傳了出去，光是走在校園中，已足夠讓她全身繃緊。她只好提醒自己別想太多，去打球、去聊天、去分散注意力……必須要讓自己放鬆下來，忘記別人的目光和猜想。

但即使如此，她沒有跟任何一個朋友訴苦，甚至，她沒有跟任何一個朋友提及此事。面對朋友，她說不出口。

她實在無法啟齒，一來這讓她感到極度尷尬，二來她也無法控制自己不往壞處想：如果對方讓消息洩露出去怎麼辦？這件事假若傳了出去，會加重多少人的壓力？影響的不只她自己，家人、男友、老師……每個相關人士也必然會因為流言而困擾吧？

所以，她把自己的情緒與壓力都收起來，封緘在心。

直到一個原先與她全無關連的陌生人，因為守望計劃的轉介而踏進她的生命，她才開始感受到自己的需要。她需要一個自己不會介意對方目光的對象，她需要一個專業而有能力的輔助者，她需要一個了解事件卻仍主動幫助她的人。

原來當她有了可以抒發感受的聆聽者時，壓力就可以有出口。自此以後，她不再失眠，也許這就是身體要告訴她，她的分享對自己來說有多重要。

保護

「我知道自己是有錯的，拍下這樣的照片，本來就是我的錯。」

「你是不懂得保護自己，不曉得這樣做會傷害到自己，但是，你只是因為那一刻沒有仔細想清楚。別再想著自己做錯，這樣你會很辛苦呢！」

當整個世界都說你有錯時，原來自己也會開始怪罪自己，開始向自己丟石頭，甚至砸得比群眾更用力。只要看見Jenny又再開始給自己施加壓力，社工胡姑娘就會提醒一下這個孩子。

比起更多的自我怪責，她更需要的是學會保護自己。她自己也開始了解到，當初的事件是多麼危險。若因為一時的貪玩或是貪財衝動行事，日後自己就要嚐到那苦果了。

最能夠保護女孩子的不是別人，而是自己。多一點警戒心，多一點自我保護意識，是需要的。如今她總算是知道了。與其在事件發生後怪罪自己，不如在一開始學會凡事想清楚後果，保護自己不要走向危險的路。

與其停留在原地給自己丟石頭，不如在學會教訓後向前走。她知道，跌倒以後，是可以爬起來的。

社工的話

近年科技罪案不斷上升及問題漸趨向生活化，而青少年「自我保護」的意識不高，往往不慎成為科技罪行的受害人，他們除了蒙受精神傷害，也對健康成長有一定的影響。就著科技罪問題漸變得嚴重，社會確實需要應對方法及回應需要。

跨專業協作伙伴——
精神科醫生張偉謙醫生

「天使醫生」，是一些青協同事對張偉謙醫生的美稱。這位對病人盡心盡力又謙厚溫和的醫生，一直以來是青協十分信賴的合作伙伴，也是整個「守望計劃」團隊裡，不可或缺的重要一員。

「其實我在計劃中的主要角色，是當青協同事接觸到一些經他們初步評估後，懷疑有著精神健康問題的青少年或家長並需要精神科醫生作進一步評估或治療跟進時，我就盡快安排時間見見那些個案。」過往，張醫生曾經在公立醫院工作，曾經是一部門的副顧問醫生，他當時的團隊已與青協有很多合作的機會。而張醫生在私人執業後，「守望計劃」成為了他和青協再次合作的契機。「我當自己是青協的一分子。」張醫生笑著說。

張醫生在計劃中起著重要作用，因為許多「守望計劃」的受助青少年都有情緒困擾甚或精神問題，但他們往往缺乏了這方面的醫療評估及支援服務。「相信大家也知道，現時公立醫院的兒童及青少年精神科服務，新症的輪候時間也較長，而除非他們出現有很大的危機，才會經過一些緊急服務，例如急症室，才能獲得精神科醫生的評估及治療。」

由於「守望計劃」獲得凱瑟克基金的資助，讓這些有需要的青少年及家長，可以得到額外的資源與及早治療的機會。「我記得當日青協同事跟我提及這計劃時，他們的目標是希望在重大危機發生前，先做到一些措施以幫助他們。這班青少年在剛剛被捕後會有很多不安、很多未知之數，再加上本身可能有一些精神健康問題，這些都會很大程度上影響他們能否在處理過程應對得宜。」

「另外一個重要目標是幫助這班青少年減低重犯機率。青協同事跟我提起個案的犯罪行為，可能跟精神健康有關係，他們問我可不可以抽時間早點見見這班青少年，避免他們在輪候公立醫院的期間，可能又會再一次犯事。所以，我們再次合作起來。」

青少年犯事與他們的精神健康其實有莫大關係。兩者之間，可以是彼此的因和果。「兩者間存在相互影響的關係。他們可以因為精神健康原因，令他們有更大機會出現違法行為。相反地，他們也可以純粹因為好奇，或跟隨其他朋友而犯了法，之後才留意到後果的嚴重性，因此出現精神健康問題與情緒困擾。這可以是互為因果的。」

兩種情況的孩子，張醫生都遇過了。「有一個初中的青少年，他犯了非禮案件，因而轉介至『守望計劃』。計劃社工看到他有很多行為及情緒問題，並透過電話向我作了初步諮詢，繼而安排這名青少年在數天內到我診所接受評估。在面談中，我看見他的行為其實是受到專注力失調及過度活躍症影響，對於處理自己的行為變得很困難，處事衝動之餘，亦比同齡的年青人較活躍。專注力不足亦影響他在學業上得不到滿足感，使他有時心急煩躁，容易衝動，與家人的關係也不好。」

「起初第一次見他時，我也不能肯定他是不是受病情影響，因為他有時講話不太合作，但是多見幾次後，發現其症狀與專注力失調及過度活躍症很吻合，我便開始和他及媽媽討論治療方向。服藥之後，媽媽說他聽話了、乖了，在家裡變得較為合作。孩子和家人的關係，很久以來都未試過如此融洽。」

由於張醫生預計這位青少年需要較長時間的跟進，他為這位青少年進行了數次治療期間，同時將他轉介到公立醫院輪候兒童及青少年精神科服務。張醫生於這名青少年在接受到公立醫院的精神科服務前仍持續跟進他，以確保不會間斷了他接受治療的機會。及後，張醫生收到青少年的媽媽傳來的好消息。「她告訴張醫生兒子剛獲發成績表，令媽媽興奮莫名的是兒子第一次在班裡考了第一名，她開心得將把兒子的成績表帶到張醫生的眼前。對於本身學習能力較差的孩子來說，這是多麼不容易的事。但是因著適當的治療及介入，奇蹟發生了。

「我的感覺很深，因為這位青少年從來都是被邊緣化，無論是在學校還是家裡也好。但他很幸運可以轉介到這個計劃，而我亦很幸運可以處理到他的問題，令他發揮到自己的潛能，在學校有如此好的表現。」張醫生把他的成績表列印了出來，細心地把青少年的名字先遮蓋著，再把它貼在自己診症室的當眼處。工作時抬起頭，總能把孩子的轉變看在眼內。

除了是「因」，情緒困擾與精神健康問題也可以是「果」。有些轉介個案是在犯了事後才出現精神健康病徵。有青年，在犯事後因為羞恥感而出現極大情緒困擾，覺得丟臉，無法接受自己，甚至自行退學。他退學以後，只要見到穿著母校校服的人就會掉頭逃走。即使他不認識那些人，也會十分困擾，內心充滿羞愧與指責。他不肯見人，也不與人說話，媽媽擔心他有自殺傾向，於是在社工的轉介下，安排他來見張醫生。

「明顯可以看到他是因為一時貪玩而犯了事，之後才出現精神困擾，因此張醫生和他見面時，集中傾談如何處理目前情況，同時透過藥物治療幫他在短時內穩定情緒。始終青少年沒甚麼人生經驗，加上家人可能不清楚怎樣可以幫他，所以他們在這情況下就會轉牛角尖，變得退縮，不知道怎麼辦，甚至有很多指責的想法。如果這些情況可以早一些處理，對他日後十分重要。」先穩定本身的情緒問題，青少年才能為自己接下來的前路做好打算。

因著看見這份工作的意義，因著對青少年及家人的關愛，張醫生總是樂意付出更多。他經常在非辦公時間為計劃的青少年及家長看診，甚至一些已經超過資助限額的個案，他即使不收診金也要繼續為他們提供治療與支援。

「我想我只是盡少少力，希望可以提供一些適切的協助給他們，那點點的時間在我來說，不是付出甚麼本錢。我不想他們純粹因為資源或金錢問題，就這樣讓精神健康問題影響到他們。」

醫者仁心，讓「守望計劃」可以更為全面。在張醫生加入計劃後，一些有需要的被捕青少年、案件受害人及其家人，可以獲得即時的精神科醫療服務，而那些苦苦輪候或是因經濟問題仍未獲得適切治療的家庭，可以無須止步。每一個計劃的成功，不可能只靠單方面的努力；當一群真心付出的人走在一起，各展所長，以各自的專業用心相互配合，最終，卻成就了無數人獲益。

跨專業協作伙伴——義務顧問陳志峯律師

撒種的人，不知何時看見收成。他們躬身力行，在荒蕪的土地上默默耕耘，但始終沒有人能確保，付出的必會帶來成果。雖未看見結果，是否仍可擁有不被打擊的動力，一直揮汗撒種呢？

陳志峯律師於2001年成為執業律師，2006年始於朋友介紹下協助青協舉辦活動。直至2013年，更被邀請成為青協青年違法防治中心的義務顧問。在超過十多年的合作期間，他參與過大大小小的不同活動，更成為青協合作無間的專業協作伙伴。

陳律師在「守望計劃」中最主要的角色，是以法律專業向被捕青少年及家庭提供支援。「好多時是青協社工發信息給我，當中有

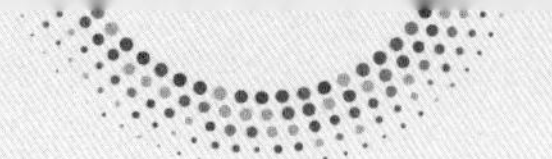

不同問題，而我就會在信息中提供一些法律意見。」

陳律師看見許多人不懂得找律師協助，或覺得律師收費貴而不敢去尋找支援。「他們不認識自己有甚麼權利，也沒有勇氣這樣做。但透過『守望計劃』的服務，他們有需要時也可以獲取義務的法律意見。同時，他們一般沒有接觸刑事案件的經驗，會出現擔心及害怕的情況，但如果能得到恰當的法律意見，可以澄清他們心裡的疑問。」

多年來，陳律師願意長時間支援青協的服務，是因為他看見這些工作背後的意義。「我不會高估自己的協助，但我覺得如果那件事有價值，我就不考慮結果，有價值就做。有很多事不是即時可以改變到，但說不定，將來加上其他元素後，可能會有所改變。」

在陳律師眼中，這是值得做的事，因為這群青年是有價值的。但年輕人選擇要走甚麼路，真的是一線之差。他認為，若他們在某個時刻作了錯的決定，其後就會走上錯的方向。「每一次在模擬法庭與青年接觸時，其實真的看見他們很聰明，很有領袖能力，但走了錯誤的方向就浪費了。我自己都不太甘心，覺得很可惜，很希望能透過自己一些經驗分享，讓他們走上一個正確的選擇。」

「我覺得每個人、每個年輕人都有他們的長處與優點，只不過他們有時做錯了決定，沒有被發掘出來。其實，他們是可以更好的。他們不比一般青年差，甚至我覺得他們在某方面的才能，比一般青年更好，只是沒機會被發掘，所以有時我也會讚賞他們有哪些方面是優秀的。」那怕少年人看不見自己的長處，陳律師總在過程中，把自己所看見的優秀之處提出來，藉此鼓勵他們。

「守望計劃」不只幫助被捕青少年及案件受害人，更多的，是對整個家庭的支援。在過往數年間，青協也邀請了陳律師出席家長小組活動，「讓家長們得到相關法律知識、了解當子女被捕時有甚麼權利、家長方面可以怎樣協助子女重回正確的方向等……」這對被捕青年的家人來說，是很實質性的幫助，也預防他們的子女日後再次重蹈覆轍。

在家長小組中，陳律師也鼓勵那一群心力交瘁的家長。「願意去參與活動的家長都是很想去幫子女的，是不放棄、是有心的，只是有時他們需要更為掌握管教及溝通技巧，而心態上也需要作一點調節，就會事半功倍，這其實已經不是法律的範圍了。」

所以，除了向家長分享專業法律知識外，陳律師有時也以為人父者的身分來分享經驗。「親子關係其實比起講道理更為重要。家人要的不是道理，而是支持。很多能夠改變的青年，都是因為家人從不放棄，即使他一次、兩次走了回頭路，最終有一日是可以改變到的。有時，講道理可以交給第三者，因為他們對家人的期望不是想對方講道理，而是接納和支持自己。」

成為青協義務顧問期間，陳律師有機會聽到一群迷途知返的年青人分享自己的改變。「我覺得這些分享很具鼓勵性，坦白說，其實我自己也有所學習，這是一個很好的經驗。」

正因為看見很多不同人的故事，陳律師十分欣賞青協的工作。有時自己也會覺得很難去改變他們，但是每當想起那些已轉變的生命故事，他的看法就隨之而轉變。「原來我們現時做的事情可能未必立即有任何改變，但過了幾年後，某時某刻，他們或會想起

曾經有人跟他說過的某一句話，或是做過的某一件事。那一刻，就令他願意作一個正確決定。社工的工作其實是一個播種的行為，所以我也很佩服他們。」

撒種的人，不知何時看見收成；但是，若沒有撒種的人，這片土地，將仍舊是一片荒蕪。感恩的是，這個社會仍有許多默默無聲，但願意在土地上耕耘的人，始終不放棄。

跨專業協作伙伴——
黃婷婷律師

跨專業協助是守望計劃其中一個重要元素，除警方外，青協也邀請了不同範疇的專業人士參與當中，以不同的專業知識及角度，為服務使用者提供適切支援。首先，讓我們認識以法律專業支援守望計劃的黃婷婷律師。

於三年多前，執業律師黃婷婷小姐在一次活動中認識到一位青協社工，其後社工邀請她參與守望計劃的模擬法庭活動，就是一個邀請，開啟了她在接下來數年的義務工作。

當時她想，這個活動應該很輕鬆。「他們說會準備好所有活動資料，希望有律師可以帶領那些青少年做角色扮演，講解相關法律、法庭程序和分享經驗。因為我本身經常做很多法庭的工作，對我來說不是很難，並不是全新領域。我也很喜歡接觸年輕人，經常希望找到一些相關活動去參與，剛好他們就出現了，可謂一拍即合。」

黃律師極重視這樣的機會，她心裡想：「可以將一些自己所學懂的法律專業回饋給社會，這是很難得的。可能，不少人都覺得律師經常給人的感覺是幫有錢人打工，很多時都要講錢，但我覺得讀了這麼多書，社會給了你這麼多資源及栽培，我希望可以從不同的方面回饋社會。」

而記憶猶新的是，社工在邀請她時所說的話——有時一些東西社工講出來他們未必會聽，但她是律師，律師講的他們可能會聽。因着她的身分、她的專業，她能做到和社工不同的東西，雙劍合璧之下，可以在這群青少年身上看見那美好的效果。

「其實在一日裡面已經可以看見他們的變化。有些扮演律師的青少年本來很靜、不出聲，你會看見他們不太有自信，不太敢問，覺得自己不行。但玩到最後時，他們停不了，不停發問，坐下之後又說着『我還有要盤問的東西』再次站了起身。他們提出的重點也很厲害，完全捉到要點。你看見他們慢慢投入，變得有自信、不害羞，我其實很開心見到他們這樣投入。」

經歷了模擬法庭活動後，參加的青少年守法意識真的增強了。黃律師看見，他們真的學懂了以前不知道的事。「第一，原來犯事後真的會有機會面對嚴重的刑罰；第二，那些很爛但他們以為可行的抗辯理由，去到法庭原來是不可行的。」他們又發現，那些被告為了脱身，甚麼也不顧。在平日法庭審訊中，看見的情景也是差不多。「當幾個人一起被起訴，對方只會確保自己安然，怎會幫你？所謂兄弟，所謂義氣，在這種時候都化為雲煙。」

這群青少年真的需要學會保護自己，不只要保護自己免墜法網，一旦犯錯被捕，也要曉得自己在法律面前的權利。「這是另一樣希望幫到他們的，他們對法律程序中的權利意識比較薄弱。我們一方面要教他們守法，但另一方面，如果他們牽涉到這些事，有甚麼是他們應當做與可以做的呢？一些基本權利與知識他們未必會知。」

「我覺得每一個人都想自己好的，但最終為甚麼他們會做犯法的事呢？」這個問題，一直縈繞在黃律師心裡。最終，她在青少年身上看見了答案。

許多青少年是因為認同感而走了錯的路。「他們想要的，可能就是身邊人的認同。他們的學業成績未必這麼好，家人可能也忙於工作，變成在家庭和學校都不能夠得到認同感。」當身邊出現一些比較壞的朋友，從這些朋友間得到認同感，他們就會開心，和朋友繼續去做那些事情。但是守望計劃的活動令他們發現，原來自己守法、正面，是開心的，是得到認同的，身邊的人會為他高興及鼓勵他。

「其實好多時，他們欠缺的只是一個支持和鼓勵。我們可以做的，是和他們一起探索他們人生裡想要的東西是甚麼，然後成為一扇永遠為他們打開的大門，讓他們可以去試自己想行的路，同時讓他們知道，想回來時，我們會在那裡。」

「我覺得給青少年多些聆聽真的很重要，因為我認為所有事都是從聆聽開始。去聽聽他們想要甚麼，可能他們要的東西不多，就只是聆聽，然後真心的支持、鼓勵，並且去相信他們。」許多年青人因為不被信任而失去自信、失去鬥志，失去可以行一條正路

的信心。但是，以一份真誠的信心，去相信他們可以的話，對他們來說是很大的鼓勵。

「有時他們來的時候，好像很囂張，說話大聲，裝凶作勢，但心裡面可能對接下來的人生沒有自信，不知道怎麼定下目標，不知道怎樣實踐。他們覺得自己做不到，覺得自己行正路是不行的，覺得用心讀書也是無用，所以他們才會找其他門路。」對於這群青少年，黃律師感觸良多。「所以我覺得聆聽和鼓勵對他們很重要，很多時他們差的就是這一句，『你做得到』就是這少少的認同感。」

不要少看我們對別人所說的話。有時候，就是因為一句簡單的鼓勵，一點堅實的認同，一份溫暖的信心，就可以把那些從來沒有自信走正路的孩子，挽回過來。

跨專業協作伙伴——
前線警員勞紫燕

在警務處新界南總區指揮官呂漢國助理處長的專訪中，我們了解到警方於「守望計劃」中的關鍵位置。若要進一步了解他們在計劃中的實際工作，我們不得不走向前方，向前線警務人員了解他們眼中所看見的畫面。他們是這群受助青少年的最初接觸者，也是每個守望故事的開端。

警方在處理案件時，案件主管會了解案件中的被捕人、受害人，或證人是否屬於「守望計劃」的服務對象。若背景資料及案件內容顯示他們有需要轉介至「守望計劃」，警方會主動向當事人及其家長了解他們對轉介的意願。取得首肯後，相關資料將轉交至總區防止罪案辦公室及青協同事以作跟進。

PROJECT R 守望計劃
被捕青少年支援服務

除了上述流程以外，為協助青少年，警方願意多走一步。在總區和青協的安排下，青協同事會定期到各警區巡迴舉行「守望計劃」的簡介會，目的是讓每一位前線同事了解計劃理念及處理轉介的方式，使他們可以適時地協助轉介。新界南總區防止罪案辦公室主任黃孝萱總督察提到：「案件主管在看文件時未必能了解隱藏在青少年背後的需要，不過前線同事在處理案件期間，因為和受眾傾談較多、了解較多，故比較容易察覺到他們的需要，為他們找尋合適的協助。」

前線警務人員勞紫燕 (Madam勞) 曾在這情況下協助有需要的青少年進行轉介。「在這宗案件中，我是一個加快轉介流程的人。」Madam勞分享道：「當時接獲一宗店舖盜竊案件，偷竊者其實是一個不足十歲的小朋友。我們找到他後，也找到他的母親，當時我們發現他們有些問題，我們覺得有需要即時安排轉介。」

實際上，這孩子因其年齡而不屬於「守望計劃」的服務對象，所以當案件主管處理案件時，也未必能即時意識到這孩子需要轉介。但前線同事在接觸當事人時，有第一身的認識與感受。「當時見到父母和他在溝通和管教上有問題出現，我想青協的親子講座或活動可以幫助他們。親子關係得以修補，小孩子才會變乖。」比起白紙黑字的文件，人與人之間面對面接觸時的感覺有時更為精準。

「如果親子關係持續欠佳，小孩子會變得反叛，恐怕他未及十歲，我便會問他：『咦!怎麼又是你？』——我怕他會再次因偷竊被捕。」設計完善的計劃也可以滲入人性化的彈性安排，Madam勞在經過查詢後，得知「守望計劃」可以破格地將這孩子納入服務範圍。

轉介之快，與Madam勞的熱心很有關係。「因為我與『守望計劃』的社工有聯繫，所以我當時立即打通了電話，可以即時去安排轉介。」其實遠在「守望計劃」出現的多年之前，她已積極參與青協舉辦的各項義工活動。

「我親眼見證過很多青少年在轉介青協後，他們透過不同活動建立了自信心，並能改變自己。因為看見這些轉變，所以我相信『守望計劃』的活動可以令這群青少年變好。」正正因為親身見證過這些改變，故她對青協的工作十分有信心。「無論是在學的，還是輟學的青少年都有不同需要，我們可以去幫助他們。我覺得『守望計劃』可以幫助到每一個我們拘捕過的青少年。」

「孩子可能會因為一次半次店舖盜竊這樣的案件被捕，但你不可以說他們很壞、十惡不赦。如果帶着他們出去做義工，他們會發覺自己有做得好的地方，會因為有所得着而開心。若能陪住他們成長，我覺得這是這個計劃最好的結果。」

不單Madam勞對這群青少年十分用心，實際上，許多前線警員都積極參與「守望計劃」。「我見到同事們都很開心，因為他們在參加簡介會之後，知道自己可以做到一些事。始終我們前線人員，只可以做到頭一部分，但之後怎麼辦呢？現在我們知道可以將他們轉介至相關機構，讓他們幫手。」在前線警員的立場來看，「守望計劃」是警方和社工各出一分力，共同去積極實行的計劃。

一份難能可貴的用心，可以是一個守望行動的開端，也可以揭開一個生命改變的第一頁。在此，我們向每一位參與在計劃中的前線警員致敬，你們所作的，實在極為重要。

PROJECT R 守望計劃
被捕青少年支援服務

專才義工——機艙服務員嚴倩蘅

受助者，是否就只是永遠的受助？其實，他們可以做的不只這樣。曾經的受助者，可以是今日的幫助者；今日的受助者，也將會是將來的幫助者吧？在專才義工嚴倩蘅（Sandra）身上，我們看見的，就是這樣的一個故事。

「我對青協感覺很熟悉、很有回憶。」於航空公司任職乘務長的Sandra，其實從小就與青協甚有淵源。她在小時候參加過青協的英文班、義工隊，也使用過自修室，這個機構對她來說充滿親切感。「其實我會做義工也是因為曾經受過幫助，所以現在我希望可以幫助別人。這是一個互相影響的正面循環。」

Sandra的朋友任職青協，在這位朋友的邀請下，她利用工作餘暇參加了守望計劃的義工活動。「一開始我有點害怕。」但是，在擔任義工以後，她發現這群青少年不太一樣。

通常，Sandra會接觸到守望計劃的年青人，是在「守望相愛 關懷送暖」的製作午飯及探訪活動。由義工大廚阿洋帶領年青人、家長及專才義工，一起煮好食物後，各專才義工和計劃社工就會分組，帶領這群年青人和家長上樓探訪有需要的家庭，像是獨居長者、新移民家庭，以及居住於劏房的低收入家庭。義工們不只是簡單送上食物，還有關心與問候。

「參加過幾次後發覺，他們和想像中不同：雖然他們曾經犯過事，甚至有些人有案底，有些義工青少年不說話時可能會有點可怕，因為身上有紋身，樣貌又好像桀驁不馴、憤世嫉俗。但當你和他們編進同一組一起做事時，你會發現他們和其他青少年沒甚麼分別，我發現他們比起其他的青少年更渴望別人的認同。一點稱讚，他們就很開心。」

「這一班孩子和在普羅大眾的印象中很不同，其實他們都只是一個普通的青少年，需要別人正常的看待他們，需要多一些關心，讓他們融入屬於他們成長應有的生活。」

其中一個令Sandra印象深刻的孩子，是今年正在準備公開試的學生。看見他，完全不會聯想到是曾經犯過事的人。「你可以看見他有很大的轉變，經過青協的一些服務，他對人生很有計劃。他會知道公開試成績要考得好，知道將來要做甚麼職業，很有清晰的目標。我覺得他比很多青少年更乖，有時還反過來照顧別人。」

PROJECT R 守望計劃
被捕青少年支援服務

與個人原先的固有觀念相比，她很意外他們是這樣的一班年青人，根本沒有先前想像中那麼壞。「撥開表面那一層裝出來的囂張高傲、憤世嫉俗，他們內心是很有義氣的，也是很善良的一班朋友。他們見到需要幫助的人，也不用其他人要求，他們會自動自覺地去關心人。記得我們去深水埗探訪新移民家庭及獨居長者，他們會講到不捨得走。」這群青少年對被訪者的關心和積極，令人感動。「可以感受到他們的心是善良的，和他們表面不一樣。我希望更多人去了解他們，不要被他們的外表嚇怕。」

放下先入為主的觀念，沒有成見地看待他們，陪伴他們健康快樂地成長，對這群青少年來說，將會是何等大的支持。而義工活動，正是幫助他們與社會重新連結、融入的平台。

「我覺得這個活動最令我感動的是，他們不只是一個受助者。若是經常受助，你會覺得自己有問題，需要別人調教、幫助，在自信心上會被打擊。但若是被邀請來參加這些不同類型的活動，他們的思想角度可以轉換為幫助人的位置。這其實是告訴他們，你不是只接受幫助，你也有能力、條件去做那個幫助人的角色。這讓他們可以建立自信，也讓他曉得自己有社會價值，有被認同感，能力感，對他們將來融入學校、融入社會都是一種很好的心理建設。我覺得這非常有意義。」

他們在活動中學到的東西，不論對學習、社交生活或將來人生都有幫助。一點一點的改變，會愈來愈好，甚至可以回過頭來幫助那些和自己一樣，走上同一條路的年青人。

「就好似我們義工活動的廚師阿洋那樣，其實他在十多歲時也是曾經犯錯的年青人，但他受到青協幫助，改過自新，重新做人。知道曾經幫助過自己的機構辦這樣的活動，他主動回來幫助曾經帶過他的社工，在這恆常的義工活動裏，成為一個很重要的角色，帶領大家煮一些飯菜去幫助長者及有需要家庭。他好像在這活動在孩子身上，看見以前的自己。我希望守望計劃的青少年也像這位廚師一樣，將來出社會後想起曾經幫過他的人，然後去幫助一些他可以幫助的人。」

一個受幫助的人，可以成為下一個幫助人的人。一件好事，可以推動更多好事發生。在Sandra的經驗與分享中，我們看見這個美好的循環，若我們今日也對身邊需要幫助的人多做一點，這個社會是不是也會發生更多好事呢？

服務挑戰

個案所犯案件性質多樣化，計劃社工需不斷更新專業知識

「守望計劃」服務對象案件性質多樣化，個案社工除了需要熟悉青少年違法行為的原因及介入方法外，也需要有各類型的專業知識，例如了解不同個案背景、干犯罪行、家庭關係、精神健康及司法制度等，以提供到位及適切之服務。另一方面，計劃的推行經驗，讓我們明白青少年犯案與精神健康問題可能有著密不可分之關係，因此，作為個案社工，除了要了解青少年犯事原因及介入手法外，也需要就其精神健康情況有所認識，從而作出適切評估及有適時轉介精神科醫生作進一步評估及治療。另外，本計劃的青少年干犯罪行多樣化，如包括嚴重毒品罪行、性罪行、詐騙、假結婚案件、黑社會集體打鬥及科技罪行等，而就一些嚴重及複雜的案件，調查時間往往較長或面對較長時間的監禁及嚴厲刑罰。社工需要不斷更新專業知識，除了熟識危機介入及輔導手法外，也需要熟識司法制度及法律知識，方可在個案、家庭及不同層面作有效介入。

危機介入服務具挑戰性，需提供快速即時評估及介入

青少年因干犯罪行被捕，父母或監護人均面對十分大的壓力及困擾，有些家長以責罵及指責方法處理，因而與子女發生很大的衝突，工作員需掌握危機介入時間，於三個工作天內與青少年及家長聯絡，繼而安排在七個工作天內進行家訪或面談。在介入的初期需要與他們建立工作關係，也需要在接案的第一日及第三十日為案主進行「青少年犯罪危機風險評估」，就十個範疇作出評估，並因應個案的獨特情況，提供適切的即時介入及支援。

另外，面對一些較嚴重的案件，例如販運大量危險藥物，干犯罪行青少年往往被還押等候審訊，工作員需要在電光火石之間支援被捕青少年的家人，除了處理他們沉重、自責、痛心等複雜的情緒外，工作員也需處理他們不同的擔憂及疑問，協助他們以正向及恰當的態度面對事件，以加強青少年不同系統的正向支援。

熟悉服務使用者多元文化，予以合適支援

本計劃的服務對象來自不同國籍的青少年，除了主要向中國國籍的青少年及家長提供服務外，也包括為非華語人士提供服務。社工除提供兩文三語的輔導服務外，也需要對不同種族及文化有一定認識，方可讓服務使用者感到被尊重、被明白、讓社工不會不經意地冒犯他們的文化及更有效建立工作關係。

配合警方恆常人事調動安排，以順利推展服務

警方有恆常調動人手的機制，包括不同職級的警察大約每四年被安排轉調至另一個警署或警區的工作崗位，一些新到任的警員，未必能夠了解「守望計劃」的服務理念、內容及轉介機制等。本計劃與新界南總區防止罪案辦公室定期進行服務會議，以檢討推行情況及優化服務，所以，當警方管理層有人事變動時，也可以順利銜接及持續推展服務。而就前線警察的調動，在新界南總區防止罪案辦公室的安排下，本計劃定期舉行「守望計劃簡介會」，至今已進行接近70場簡介會，讓前線警員更明白服務之重要性，以轉介合適對象及讓服務得以在警區順利持續推展。

青少年傳統罪案問題持續改善，唯科技罪行不斷上升

科技罪案問題漸趨向生活化，不論青少年還是成人與科技罪行也息息相關。有部分參與計劃的青少年是科技罪案的犯事者或

受害人，他們以涉及「網上詐騙」、「不誠實使用電腦」及「管有／發布兒童色情物品」案件為主，當中罪案受害人蒙受精神傷害與金錢損失。科技罪案急速上升，但青少年、家長、甚至教師對於科技罪案的認識不多，正因如此，我們相信有些青少年、家長和教師遇到青少年科技罪案問題的時候求助無門，或不敢主動求助，因而令問題變得隱蔽和嚴重，警方現時掌握涉及科技罪行的數字，可說只是冰山一角。所以，就著科技罪行不斷上升，問題變得隱蔽和嚴重，確實需要嶄新服務及應對方法以回應需要。

服務建議

設為恆常化服務

回顧服務推行初期，「守望計劃」以填補當時的服務空隙的原意下推行試驗。本計劃的服務成效獲得服務使用者、服務使用者家人、新界南警區及社區不同持分者的認同外，也獲得「凱瑟克基金」資助，讓服務得以全面推展。本計劃也十分榮幸成功邀請香港城市大學應用社會科學系黃成榮教授及其研究團隊，於過往兩年時間，為「守望計劃」作實證評估研究，研究結果指出本服務在預防青少年重犯、提升守法意識及改善家庭關係等方面具正面成效。唯本計劃服務不是獲政府恆常的資助，需要不斷申請外間資助以讓服務持續發展，因此，本計劃建議政府考慮投放資源推展為被捕青少年提供服務，讓有需要的青少年及其家人獲得適切協助。

擴展至不同警區

「守望計劃」為一些未有接觸社會服務的犯案青少年及受害人提供服務接觸點，減少青少年重複犯案危機及支援他們的成長發展需要，這樣有助建立安全、守法及和諧社區。本計劃已建立一個有系統、清晰、快捷的轉介機制，這機制也成為新界南警區恆常轉介模式，相信也可以給其他警區一個示範模式以供參考。同時，我們在這服務模式中看到，警方及社福機構通力合作，能有效透過不同的專業及角色支援有需要的青少年。有見及此，是項計劃相當值得推行至全港各警區，讓社福機構與不同持分者攜手合作，協助更多有需要的人士獲得支援。

加強跨專業及地區伙伴的協作

跨專業協作是「守望計劃」重要一環，透過發揮不同的專業知識與技能，為有需要服務對象提供支援，專業協作的伙伴包括警方、精神科醫生、臨床心理學服務、律師及專才義工等。其中，本計劃建議加強律師參與的角色及使他們的專業可以有更大的發揮空間，如義務律師可定期為計劃社工提供培訓，例如以提供介入服務時需要留意的事項，作為專業培訓之主題，以免計劃社工跌進法律陷阱。同時，由於個案干犯的罪行多樣化，社工除熟悉法律程序外，義務律師也可就青少年相關的法律及新修定的法例等，為社工提供相關培訓。

本計劃建議加強與地區伙伴的協作以加強與社區聯繫，讓更多有需要的對象可以獲得支援及增加計劃服務的接觸點。例如透過加強與區議員、律師事務所、私人執業精神科醫生等聯繫，他們可以認識我們的服務及理念，以轉介在日常工作中接觸到的犯事青少年或案件受害人至本計劃。另外，在推行經驗中，我們發現一些在校內發生的罪案，例如暴力、偷竊及科技罪行等，校方可能把報警的決定權交予家長，而部分家長不一定選擇報警處理，因此，本計劃建議加強與學校聯繫，包括訓輔組老師及學校聯絡

主任等，以轉介合適個案。

探索與教育局及警方合作之可行性，預防青少年踏上越軌及違法之路

輟學及失蹤青少年的支援網絡較弱及欠缺生活方向，容易成為罪行的犯事者或受害人，本計劃建議探索與教育局「缺課個案專責小組」及警方「失蹤人口調查組」合作，預防青少年踏上越軌之路。在輟學青少年方面，他們欠缺生活方向及目標，用較長時間留在家中瀏覽網頁或在街頭徘徊，大大增加成為罪行受害人 / 干犯罪行的機會。而現時輟學生個案，由教育局缺課個案專責小組處理，他們重點處理青少年升學之情況，而本計劃則可就個案預防及干犯罪行上方面著手，發揮相輔相成之效。

另外，本計劃建議探討與警方「失蹤人口調查組」的合作空間，就著已向警方舉報失蹤的青少年或失蹤後被追尋回的青少年及其家人提供服務。由於一些離家出走的青少年，或多或少家庭支援 / 監管較弱，他們可能有多於一次離家出走的情況，而出走後多流連在外或與朋友在「私竇」玩樂，容易受不法分子利用參與非法活動，或者成為案件的受害人。如這些青少年及其家庭獲得足夠的社會服務支援及跟進，相信可更有效預防青少年踏上越軌之路或成為案件的受害人。我們更希望把服務推展至「保護」的作用，讓我們的青少年獲得足夠的支援。

總　結

「守望計劃」填補目前服務空隙，是全港首個有系統地與香港警務處合作協助干犯罪案被捕而正接受警方調查的10 - 24歲青少年及其家人，提供即時介入及支援的服務。而計劃也為案件受害人提供輔導服務。推行至今到達五年，本計劃成功減低青少年重覆犯案的機會、提升他們的守法意識及加強青少年與家人的關係等，成效顯著，而計劃也獲服務對象、社區不同持分者、警方、業界及凱瑟克基金的正面支持。

犯事青少年容易被社會加上負面標籤，本計劃期望透過分享與宣傳，讓社會能了解他們的優點、困難與需要，明白此服務的必要性。而本計劃推行的轉介機制、青少年犯罪危機風險評估、輔導架構、跨專業協作模式及實務智慧等，也期望為業界提供一些參考，並共同就青少年的需要作出適切之回應。

香港青年協會

青協 • 有您需要

香港青年協會(簡稱青協)於1960年成立，是香港最具規模的非牟利青年服務機構。主要宗旨是為青少年提供專業而多元化的服務及活動，使青少年在德、智、體、群、美等各方面獲得均衡發展；其經費主要來自政府津貼、公益金撥款、賽馬會捐助、信託基金、活動收費、企業及個人捐獻等。

青協特別設有會員制度與各項專業服務，為全港青年及家庭提供支援及有益身心的活動。轄下超過70個服務單位，每年提供超過20,000項活動，參與人次達500多萬。青協服務以青年為本，致力拓展下列12項「核心服務」，以回應青少年不斷轉變的需要；同時亦透過全新的「青協 會員易」(easymember.hk)平台及手機應用程式，全面聯繫超過45萬名登記會員。

青年空間

本着為青年創造空間的信念，青協轄下分佈全港各區的22所青年空間，致力聯繫青年，使青年空間成為一個屬於青年、讓青年發展潛能和鍛鍊的活動場所。在專業服務方面，青年空間積極發展及推廣三大支柱服務，包括學業支援、進修增值和社會體驗。各區的M21@青年空間，鼓勵青年發揮創意與想像力，透過媒體製作過程，加強對社區的歸屬感，建立與社區互動的平台。近年推出的「鄰舍第一」計劃，更進一步讓青年工作扎根社區。此外，在「社區體育」計劃的帶動下，致力培養青年對運動的興趣，與他們一起實踐團結、無懼、創新、奮鬥及堅持的信念。

M21媒體服務

青協致力開拓網上服務、社交網絡及新媒體，緊貼青少年的溝通模式，主動加強與他們的聯繫。青協轄下M21是嶄新的多媒體互動平台，集媒體實驗、媒體教室和媒體廣播於一身。M21最大特色是「完全青年」，凝聚青少年組成製作隊伍，以新媒體進行創新和創作；其作品更可透過M21青協網台、校園電視和社區網絡進行廣播，讓他們的創意及潛能得到社會更廣泛認同和肯定。

輔導服務

青協透過「關心一線2777 8899」、「uTouch」網上外展、駐校社工及學生支援服務，全面開拓學校青年工作，提供以學生為本的專業支援及輔導網絡，重點關注青少年的情緒健康及提升他們的情緒管理能力。針對青少年成癮行為，「青年全健中心」繼續為高危青少年提供預防教育和輔導服務。

邊青服務

「青年違法防治中心」透過轄下地區外展社會工作隊、深宵青年服務和青年支援服務，就邊緣及犯罪青少年經常面對的三大問題，包括「犯罪違規」、「性危機」及「吸毒」，提供預防教育、危機介入與評估，以及輔導治療；另外亦推動專業協作和研發倡導。「青法網」和「違法防治熱線8100 9669」，為公眾提供青少年犯罪違規的資訊和求助方法。青協於上環永利街亦為有需要的青少年，提供短期住宿服務。

就業支援

青協倡導「生涯規劃」概念，透過青年就業網絡，恒常舉辦青年就業博覽及就業與升學支援服務，協助青少年順利由學校過渡至工作環境。為協助青少年實踐創業理想，「香港青年創業計劃」提供免息創業貸款及創業指導，並透過「青協賽馬會社會創新中心」提供共用辦公空間及培訓。「前海深港青年夢工場」及「世界青年創業論壇」則為本地初創項目拓展中國內地及海外市場的商機。

領袖培訓

青年領袖發展中心至今已為接近14萬名學生領袖提供有系統及專業訓練，並致力培育更多具潛質的青少年。其中《香港200》領袖計劃，每年選拔具領導潛質的青年，培養他們願意為香港貢獻的心志；而「香港青年服務大獎」，旨在表揚持續身體力行，以服務香港為己任的青年，期望他們為香港未來添上精彩一筆；「Leaders to Leaders」則提供國際化培訓，啟發本地青年與國際領袖共創更廣闊的視野。中心正積極籌備成立「領袖學院」的工作，透過活化前粉嶺裁判法院，為香港培訓優秀人才奠下穩固基石。

義工服務

青年義工網絡（簡稱VNET）是全港最大型並以青年為主要對象的義工網絡。現時登記義工人數已超過19萬，每年為社會貢獻超過80萬小時服務。每年舉辦的「有心計劃」，連繫學校與工商企業，合力推動學生服務社區之餘，亦鼓勵企業實踐公民責任。VNET近年推出「好義配」義工搜尋器(easyvolunteer.hk)，讓義工隨時搜尋合適的義工服務機會，真正達致「做義工，好義配」。

家長服務

青協設有「親子衝突調解中心」，提供免費專業調解服務、多元化的講座、工作坊及家庭教育活動，協助家長和青少年子女化解衝突。近年推出的「親子調解大使計劃」，強化家長之間的支援網絡，促進家庭和諧。

教育服務

青協開辦了兩所非牟利幼稚園及幼兒園、一所非牟利幼稚園、一間資助小學及一間直資英文中學。五校致力發展校本課程，配以優良師資及具啟發性的教學環境，為香港培養優秀下一代，以及達致全人教育的目標。此外，「青協持續進修中心」亦為全港青年建立一個「好學．學好」的持續學習平台。

創意交流

青協每年舉辦多項國際和地區性比賽與獎勵計劃，包括「香港學生科學比賽」、「香港FLL創意機械人大賽」、「香港機關王競賽」等，鼓勵青少年發揮創意潛能。另「創意科藝工程計劃」(簡稱LEAD)及「創新科學中心」亦致力透過探索活動，鼓勵青少年善用科技及多元媒體嘗試創新，提升學習動機。本會青年交流部透過舉辦內地和海外體驗式考察交流，協助青年加深認識國家發展，並建立國際視野。

文康體藝

青協轄下四個營地及戶外活動中心，提供多元的康體設施及全方位訓練活動，提升青少年的抗逆力和個人自信，建立良好溝通技巧和團隊合作精神。而設於中山三鄉的青年培訓中心，透過考察和體驗，促進青少年對中國歷史文化和鄉鎮發展的認識。此外，本會的「香港旋律」青年無伴奏合唱團、「香港起舞」青年舞蹈團、「香港樂隊」青年樂隊組合及「香港敲擊」青年敲擊樂團，一直致力培育青年對文化藝術的涵養及表演藝術天份，展現他們參與的創意與熱誠。

研究出版

青協青年研究中心多年來持續進行有系統和科學性的青年研究。《香港青年趨勢分析》及《青年研究學報》為香港制定青年相關政策和籌劃青年服務，提供重要參考。「青年創研庫」由青年專業才俊與大專學生組成，就著經濟與就業、管治與政制、教育與創新及社會與民生四項專題，定期發表研究報告。此外，青協專業叢書統籌組定期出版各類與青年工作相關的書籍；每季出版的英文刊物《香港青年》，就有關青年議題作出分析和探討，並比較香港與其他區域的青年狀況；雙月刊《青年空間》中文雜誌則為本地年輕人建立平台，供他們分享自己的故事和體驗。

Donation / Sponsorship Form
捐款表格

The Hong Kong Federation of Youth Groups
香港青年協會

Please tick (√) boxes as appropriate 請於合適選項格內, 加上"√":

I / My organization am / is interested in donating HK$_____________ to HKFYG by:

本人 / 本機構願意捐助港幣 ___________ 元予「青協」。

☐ **Crossed cheque** made payable to "The Hong Kong Federation of Youth Groups".

Cheque No.支票號碼: ____________________________________(劃線支票抬頭祈付: 香港青年協會)

Please send the cheque together with this form by post to the*address below.
請將劃線支票連同捐款表格，郵寄至下列地址*。

☐ **Direct transfer** to the Hang Seng Bank, account name: "The Hong Kong Federation of Youth Groups" account number: 773-027743-001

Please send the bank's receipt together with this form to the Partnership and Resource Development Office by fax (3755 7155), by email (partnership@hkfyg.org.hk) or by post to the*address below.
存款予本會恒生銀行賬戶（號碼：773-027743-001），並將銀行存款證明連同捐款表格以傳真 (3755 7155)、電郵 (partnership@hkfyg.org.hk) 或郵寄至下列地址*。

☐ **PPS Payment**

Registered users of PPS can donate to the Federation via a tone phone or the Internet. The merchant code for The Hong Kong Federation of Youth Groups is 9345. For further details, please feel free to call the Partnership and Resource Development Office at 3755 7103..
繳費靈登記用戶，可透過繳費靈服務捐款予香港青年協會，本會登記商戶編號：9345。詳情請致電 3755 7103 香港青年協會「伙伴及資源拓展組」查詢

☐ **Credit Card** ☐ VISA ☐ MasterCard

One-off Donation 一次過捐款
HK$港幣 ________________________

or
或

Regular Monthly Donation 每月捐款
HK$港幣 ________________________

Card Number
信用卡號碼________________________

Valid Through
信用卡有效期_______MM 月________YY年

Name of Card Holder
持卡人姓名________________________

Signature of Card Holder
持卡人簽署 ________________________

Name of Donor
捐款人姓名: ____

Name of Sponsoring Organization
贊助機構名稱: ____

Name of Contact Person
聯絡人: ____

Phone No.
聯絡電話: __________________

Fax No.
傳真號碼:__________________

Email
電郵:______________________

Correspondence Address
地址:____

Name of receipt
收據抬頭:____

Receipts will be issued for all donations over HK$100 and are tax-deductible.
所有港幣 100 元或以上捐款，將獲發收據作申請扣稅之用。

Please send this donation/sponsorship form with your crossed cheque/the bank's receipt to:
捐款表格、劃線支票 / 銀行存款證明，敬請寄回：

* Partnership and Resource Development Office, The Hong Kong Federation of Youth Groups,
21/F, The Hong Kong Federation of Youth Groups Building, 21 Pak Fuk Road, North Point, Hong Kong
香港北角百福道 21 號香港青年協會大廈 21 樓 香港青年協會「伙伴及資源拓展組」

守望計劃——被捕青少年支援服務

出版	:	香港青年協會
訂購及查詢	:	香港北角百福道21號 香港青年協會大廈21樓
電話	:	(852) 3755 7108
傳真	:	(852) 3755 7155
電郵	:	cps@hkfyg.org.hk
網頁	:	hkfyg.org.hk
M21網台	:	M21.hk
版次	:	二零一七年五月初版
國際書號	:	978-988-77132-5-8
定價：	:	港幣90元
顧問	:	王葛鳴博士
督印	:	馮丹媚女士
編輯委員會	:	陳文浩、李少翠、胡嘉燕、吳海鋒、何麗君、吳晃榮
執行編輯	:	周若琦、林茵茵
撰文	:	王麗婷、黃成榮、莫偉賢、歐陽芷柔、周雅欣
插畫	:	李瑩
設計	:	DG3 Asia Limited
製作及承印	:	DG3 Asia Limited

Project R——Assisting Arrested Youth

Publisher	:	The Hong Kong Federation of Youth Groups 21/F, The Hong Kong Federation of Youth Groups Building, 21 Pak Fuk Road, North Point, Hong Kong
Printer	:	DG3 Asia Limited
Price	:	HK$90
ISBN	:	978-988-77132-5-8

資助機構：

凱瑟克基金
Keswick Foundation Limited